新时代应用型高校大学生心理健康教育研究

舒靖钧 ◎ 著

中国纺织出版社有限公司

内 容 提 要

本书注重理论联系实践，密切结合高校学生的实际情况，本着"一切为了学生、为了学生一切"的宗旨，对学生在自我意识、情绪、人格发展、人际交往、恋爱、职业规划等方面可能遇到的心理问题进行了分析探讨，并提出了多种调适、解决的思路和方法，帮助大学生提高心理健康水平。本书既可以作为高校开设大学生心理健康教育课的参考用书，同时也适合广大高校学生、高校心理咨询教师、高校教育管理者以及相关工作者阅读和参考。

图书在版编目（CIP）数据

新时代应用型高校大学生心理健康教育研究／舒靖钧著. -- 北京：中国纺织出版社有限公司，2022.11
ISBN 978-7-5229-0272-2

Ⅰ.①新… Ⅱ.①舒… Ⅲ.①大学生－心理健康－健康教育－研究 Ⅳ.①G444

中国版本图书馆 CIP 数据核字（2022）第 253494 号

责任编辑：刘茸　　责任校对：王蕙莹　　责任印制：王艳丽

中国纺织出版社有限公司出版发行
地址：北京市朝阳区百子湾东里 A407 号楼　邮政编码：100124
销售电话：010—6700422　传真：010—87155801
http://www.c-textilep.com
中国纺织出版社天猫旗舰店
官方微博 http://weibo.com/2119887771
三河市宏盛印务有限公司印刷　各地新华书店经销
2022 年 11 月第 1 版 第 1 次印刷
开本：787×1092　1/16　印张：9.5
字数：190 千字　定价：88.00 元

凡购本书，如有缺页、倒页、脱页，由本社图书营销中心调换

PREFACE 前 言

当代大学生具有开阔的视野、积极向上的进取心和富有个性的创造力，同时也面临着各种各样的心理问题。大学生的心理问题已经引起了全社会的高度关注。《中共中央关于进一步加强和改进学校德育工作的若干意见》指出："要通过多种形式对不同年龄层次的学生进行心理健康教育和指导，帮助学生提高心理素质，健全人格，增强承受挫折、适应环境的能力。"教育部在2011年下发的《普通高等院校学生心理健康教育课程教学基本要求》中，对高校开展心理健康教育提出了明确的要求。全国各高校也陆续开设了大学生心理健康教育课程，这对我们开展大学生心理健康教育起到了良好的引导和促进作用。总而言之，大学生心理健康教育对于大学生本人以及社会的发展都具有举足轻重的作用。

目前，我国高校大学生心理健康教育已经引起了社会各界的高度重视。学术界的专业人士已经形成了普遍的共识，即将培养大学生的良好心理素质作为高等教育的基本目标和高校素质教育的重要组成部分。政府方面出台了一系列政策文件，以确保高校心理健康教育工作的顺利开展。目前，我国大学生心理健康教育活动正在蓬勃开展。作者撰写的这本《新时代应用型高校大学生心理健康教育研究》，以期为我国大学生心理健康教育实践提供相应的指导理论，同时也能够为学者们对本领域进行相关研究提供一定的思路。

本书对健康理念下大学生的教育发展进行了系统研究。全书在内容安排上共设置六章。其中，第一章对大学生心理健康教育进行概要论述；第二章详细阐释当代大学生心理健康教育的主要内容和发展趋势；第三章对新媒体环境下大学生心理素质教育模式创新进行深入的探究；第四章基于生命教育视野下，大学生心理健康教育课程教学，从大学生心理健康教育课程教学现状，过渡到教学反思，然后到教育课程教学构建；第五章专门研究生命教育视野中的心理健康教育课外活动；第六章对应用型高校大学生心理危机的干预路径及策略进行系统的论述。从整体上来看，本书广泛汲取当前有关大学生心理健康教育的研究成果，内容涉及大学生心理健康教育的各个具体方面，并且紧密结合当代大学生心理健康教育实践，具有较强的针对性。本书紧紧围绕当代大学生的身心发展、生活以及学习等方面的实际情况，为大学生心理健康教育提供了科学、实用的教育原理与方法。本书的内容体系以有利于大学生的心理发展为宗旨，注重理论和实践的结合，以系统有效的教育来引导当代大学生正确认识自身心理发展的特点和分析异常心理，希望能够对大学生的学习生活有所帮助。

在本书的撰写过程中，作者参考了大量的相关研究成果，并引用了其中一些观点，同时得到了许多专家学者的帮助和指导，在此表示诚挚的谢意。由于笔者水平有限，加之时间仓促，书中所涉及的内容难免有疏漏之处，希望各位读者多提宝贵意见，以便笔者进一步修改，使之更加完善。

舒靖钧

2022 年 12 月

CONTENTS 目 录

第一章 大学生心理健康教育概论 ... 1
第一节 大学生心理健康教育的内涵 ... 1
第二节 大学生心理健康教育的必要性和重要性 ... 15

第二章 我国大学生心理健康教育的主要内容和发展趋势 ... 25
第一节 以人为本理论的贯彻执行 ... 25
第二节 大学生心理健康教育的覆盖内容 ... 30
第三节 大学生心理健康教育的发展趋势 ... 47

第三章 新媒体环境下大学生心理素质教育模式创新 ... 61
第一节 新媒体环境下大学生心理素质教育模式的内涵 ... 61
第二节 大学生心理素质教育模式发展现状 ... 72
第三节 大学生心理素质教育模式的创新建构和保障机制 ... 81

第四章 生命教育视野中的大学生心理健康教育课程教学 ... 87
第一节 大学生心理健康教育课程教学现状 ... 87
第二节 生命教育视野中的大学生心理健康教育课程教学反思 ... 92
第三节 生命教育视野中的大学生心理健康教育课程教学构建 ... 98

第五章 生命教育视野中的心理健康教育课外活动 ... 109
第一节 大学生心理健康教育课外活动现状 ... 109
第二节 大学生心理健康教育课外活动开展情况 ... 109
第三节 心理健康教育课外活动反思 ... 115
第四节 生命教育视野中的大学生心理健康教育课外活动构建 ... 119

第六章　应用型高校大学生心理危机的干预策略 …… 127

第一节　应用型高校概述 …… 127
第二节　干预策略——贯彻心理健康教育目标 …… 128
第三节　干预策略——丰富心理健康教育内容 …… 132
第四节　干预策略——拓展心理健康教育方式 …… 137
第五节　干预策略——营造心理健康教学环境 …… 142

参考文献 …… 145

第一章　大学生心理健康教育概论

第一节　大学生心理健康教育的内涵

研究的科学性是基于对研究对象内涵的科学探索，因此我们的首要任务是揭示大学生心理健康教育的内涵与特点。

一、大学生心理健康教育的相关概念

概念明确是正确思维和研究的基本要素。任何一个概念都有内涵和外延两个方面，也有核心概念和相关概念两个集群，这两个方面和两个集群总是存在相互关联又相互制约的关系。因此，本书通过解析大学生心理健康教育与相关概念的内涵，明晰本书的基本要素，阐明研究的核心内容。

(一) 心理健康与心理健康教育的内涵

对大学生进行心理健康教育，首先必须弄清楚心理健康与心理健康教育的内涵，尤其是适合中国大学生心理发展实际，有助于中国特色的大学生心理健康教育发展的内涵。它们是心理健康的评判标准，是心理健康量表制订、心理健康诊断、心理健康教育目标和内容体系建构，以及心理健康教育实施途径探索的基础。

1. 心理健康内涵的探讨与界定

探讨心理健康的内涵及如何对其下定义，是研究大学生心理健康教育内涵的基础。

(1) 理论界对心理健康内涵的探讨。心理健康内涵的探索在哲学、心理学、历史学、文化学界一直是争论的焦点，各学界对心理健康内涵有着不同的解读，甚至在20世纪90年代曾引发一场激烈的争论，一系列仁者见仁、智者见智的关于心理健康内涵争辩的文章在一段时间内大量登载于《教育研究与实验》杂志。根据探讨的发展过程，理论界把心理健康内涵的探索和争论分为三个阶段。

第一个阶段为病理学取向阶段，由于受到生物医学和"健康就是没有疾病"观念的影响，学者普遍认为"心理健康就是心理疾病的消除"，即没有心理疾病症状的心理状态就是心理健康。于是各位学者把所有精力都投入对各种心理疾病的探索当中，这种观点直到

今天仍然影响着心理健康研究的发展。在《精神障碍诊断与统计手册》（*Diagnosticand Statistical Manual of Mental Disorders*，DSM）这本全世界最权威的心理疾病专用指导手册中，不同种类的心理疾病仍然在以不可估量的速度被研究者发掘。DSM 在 1952 年第一版时只包含 106 种心理疾病，1968 年第二版时增加到 182 种，而在 2013 年 5 月推出的第五版中，心理疾病的种类已经超过了 300 种。

第二个阶段为社会适应取向阶段（也被称为"适应论"或者"社会适应论"阶段），强调心理健康是良好的心境和对社会适应的能力。比如，1974 年世界卫生组织对"健康"的定义就增加了"心理和社会的完满状态"，美国学者科尔曼主张判定一个人是否心理健康要以他的行为是否与所处环境相协调，他的人际关系是否和谐，他对社会事件和社会关系的态度是否符合社会要求作为标准。东方学者受传统的集体思维和文化影响，更是把对社会这个大集体的适应能力看作心理健康的最根本标志，日本学者就从人对内外部环境的适应角度来界定心理健康，中国学者（王极盛、张人骏等）在与其他要素一起论及心理健康标准时，将社会适应和人际关系置于各要素中的总纲地位。

第三个阶段是发展取向阶段，包括对个人潜能的开发和对个人发展的追求。最具代表性的观点来自人本主义学者马斯洛，他以"精英标准"从 38 位世界近代史的成功人士身上提炼出"自我实现"的心理健康内涵，强调充分发展人内在的本善的天性，将个体最大的潜能释放出来，过一种充满意义和有成就的生活。另一位人本主义学者罗杰斯也强调将生活目标、抱负水平、潜能发挥、人格塑造以及持续的发展性等作为心理健康的标准，最大限度地实现自我发展与完善的目标，达到内外高度协调、为社会和人类创造更大价值的完满境界。这一观点也得到哲学、文化学等领域学者的认同，马克思以辩证唯物主义的思想探索出人的自由全面发展是人本性的追求，是推动社会前进的动力，也是社会发展以满足人需要的实现方式。再如中国学者从传统文化中提取"从心所欲不逾矩"为心理健康的内涵，也是强调个人发展需要的满足，达到从心所欲不逾矩的自由状态。发展取向的观点促使人们聚焦于开发个人潜能和追求个人更高的价值实现，因此对个体创造力的培养、道德发展的心理支持、独立性的养成，已逐渐成为心理健康探索的领域，并取得了众多瞩目的成绩。

从理论界对心理健康内涵探索的发展进程中，我们可以发现它包含的成分在逐渐扩大和增多（由疾病到适应，再到发展），它与心理和精神之外其他因素的交融逐渐密切（由心理本身到社会适应，再到个人潜能与社会文化发展的关系），它的价值取向经历了个人—社会—个人与社会共同发展，这样一个上升和进步的过程，它的论述经历了不同国家、不同领域、不同文化背景的洗礼（如生物医学视域下的疾病论述方式、人本主义思想视域下的发展论述方式、西方强调个人疾病和价值的论述方式、东方强调社会意义和发展的论述方式等）。

直至今天，"心理健康"的概念仍然随着时代的变化在逐渐发展和完善，从学者对其内涵界定的方法和维度中不难发现，心理健康内涵的界定要代表以下三个发展方向：

第一，心理健康内涵要代表社会进步的方向。心理健康与社会的关系不能只是单向的个人对社会的"适应"，这不仅是一种低层次心理健康的表现，而且更可能引起社会的混乱。社会中的核心价值具有统领全社会的导向、主体地位，若社会核心价值是正确、积极、健康向上的，那么人们对社会的适应亦是追求健康的过程，这是最好的状态。但若社会核心价值是错误、消极、病态的情况，那么人们对社会的适应就会引起普遍性的负面情绪的传播，进而导致社会发展的倒退，甚至是人类的灭绝。

第二，心理健康内涵要代表民族文化的认同。长期以来，心理健康标准问题的研究主要采取西方文化背景的心理学、测量学、统计学等"科学"理论为基础，以"客观性"和"文化普适性"的视角探索心理健康内涵。如从导论中梳理的我国心理健康内涵研究现状可见，无论是静态心理状态说、动态心理动力说，还是心理内容与社会实际的动态和谐说，都秉持严谨的心理健康理论的"科学"传统，而拒绝考虑社会文化因素。但是通过对心理健康内涵的发展轨迹分析，又能够反映出心理健康标准受不同国家、不同领域、不同文化背景的深刻影响，民族文化和心理健康之间存在着高度的关联。

第三，心理健康内涵要代表自我发展的追求。人类通过不懈的劳动和实践就是为了能够改变世界，促进世界的进步，同时也促进人自身的发展，这是人与生俱来的人性。无论是罗杰斯的"自我和谐"概念，还是马斯洛的"自我实现"概念，它们都符合指向个人去追求全面发展的人生。

（2）心理健康内涵的界定。从学者的研究成果中，我们明确了心理健康内涵的制定要代表社会进步的方向，要代表民族文化的认同，要代表自我发展的追求，因而我们依据国情和民情从中国本民族的社会进步、文化传承、自身发展三个维度上来探讨中国人的心理健康内涵。心理健康，是指个人具有历史使命感，具备继承中华民族的优秀传统，追求自由而全面的发展并把自己的聪明才智用于推动社会进步的健全心理。

第一，具有社会主义责任感和历史使命感是心理健康的核心要素。心理健康是要建立在辨别社会性质和方向的基础上，以代表社会进步的方向为重要内涵。人在社会进步的过程中，政治的进步使人从超自然力量和观念中摆脱出来，其主体自我意识得到加强，使人显示出越发良好的自我意识调控能力和状态；经济的进步使人逐步摆脱对他人和工具的依赖，人对社会关系的需求不再是基于对金钱和利润的追求，而是更多地显示出人和人之间相互体谅、相互抚慰、相互鼓励、相互理解的心理支持状态；文化的进步让人远离被动的奴役、盲目的服从，更多地认识到自我存在的价值，并在征服自然、利用自然的过程中更加充分肯定自我价值的意义，达到实现自我的目的。社会进步满足"人的目的"不仅包括使人科学地认识自然、他人和自我之间的共生关系，也包括形成良好的人际关系、生态关系和伦理关系，进而实现心理健康的高层次目标。诚然，社会革命摆脱资本主义扭曲的社会关系，向着生产力高度发展和人的素质高度发展的共产主义社会前进的道路是社会进步的方向。我们国家正是朝着马克思指明的顺应人类历史发展的道路前进，我们的社会主义社会就是前进步伐中的一部分，它同样代表了社会进步的方向。所以，作为中国人的心理健康核心标准，首先应是代表社会主义前进的方向，具有社会主义责任感和历史使命感。

第二，具备继承中华民族的优秀传统。推动中华文化进步的能力是心理健康的重要层面。生活在不同文化规范下的人所具有的心理与行为特征深深地根植于民族的文化传统之中，中华民族的历史传统和文化模式也决定着我们的国民特性。中华文化在痛苦的表达、经历和应对方式上与西方文化存在着差异，中华文化赋予同一表现形式的疾病以不同的含义，如感冒就分风热、风寒两种不同含义，此外对于理解疾病和痛苦也存在不同主观经验的方式。有研究发现亚裔群体心理健康问题的类型与文化适应程度有关，西化程度低的人比西化程度高的人似乎更多地表现出与文化有关的症状，而西化程度高的人更多地表现出的是西方心理问题类型，因而中华民族文化群体对于健康和疾病概念的理解有特定的文化渊源，我们特有的民族文化经验也会影响心理健康问题的表现形式。所以，在中华民族文化环境中，心理健康的内涵以中华民族传统文化的认同和传承作为重要层面。

第三，追求自由而全面的发展。把自己的聪明才智用于改造世界，并在推动社会进步中发展自己是心理健康的主要内容。"从人的天性中可以看出，人类总是不断地寻求一个更加充实的自我，追求更加完美的自我实现。从自然科学意义上说，这与一粒橡树种子迫切地希望长成橡树是相同的。"可见，自我发展的追求符合人的实践价值和心理健康价值。人在世界上劳动实践的意义和他的天性都说明人自身的发展是非常重要的，它是个体的整体素质在时间上所发生的积极向上的变化，因而它也指向更成熟、更丰富、更健全的心理品质和心理生活。

2. 心理健康教育的内涵

理解心理健康教育的内涵要符合两方面的要求：一是符合心理健康的要求，即以心理健康的标准来培养人才，使之成为没有心理问题，符合健康标准的人才；二是符合教育发展的要求，以提高人才某一方面的素质作为落脚点。于是，本书认为心理健康教育是指以提高心理素质为核心，培养具有对社会进步的责任感和历史使命感，促进人的全面发展的教育活动。

（1）倡导以"提高心理素质"为心理健康教育的核心内涵，是从正面来培养人才，不过多地强调学生心理如何不健康。提高心理素质就是要提高心理要素或因素的质量，不是医学或医疗模式的只关注有心理问题的对象，它必须是既要面向全体，又要顾及个体差异。它的个别教育和面向全体教育的目的是一致的，都是为了促进学生心理素质的发展。

（2）倡导以"提高心理素质"作为心理健康教育的核心内涵，是以符合中国国情的心理健康教育和新时代中国特色社会主义思想为指引，强调本土化和时代性。心理健康教育既要培养人才的社会主义责任感和历史使命感，又要在人才培养中传承民族文化的进步，既要开掘个人最大的身心潜力，又要注重培养自尊、自爱、自律、自强的良好心理品质，增强克服困难、经受考验、承受挫折的心理素质能力。

（3）倡导以"提高心理素质"作为心理健康教育的核心内涵，不仅要回应全面素质教育的目标，也要厘清教育内容的边界。心理健康教育强调把自己的聪明才智用于改造世界，在推动社会进步中发展自己，这与全面素质教育要求培养适应21世纪现代化建设需要的社会主义新人的目标是一致的，都是对人和社会发展进步的诠释。心理素质与思想道德素质、文化素质、专业素质和身体素质同等重要，其教育内容与培养其他素质的内容并行不悖，它可以促进其他素质的培养，其他素质的高品质也有利于心理素质的提升，但心理健康教育主要是指提高心理素质而非其他素质。

（二）大学生心理健康教育的内涵

大学生心理健康教育，是指以大学生为教育客体开展的培养其良好的心理品质，塑造健全人格的教育活动。首先，要注重培养良好的心理品质。其次，要着力塑造健全人格。

大学生心理健康教育注重培养良好的心理品质。传统的大学生心理健康教育"主要是针对心理疾病与基本适应问题"，仅实现了对大学生心理的非病状态和良好的适应状态的教育目标，忽视了对健康心理的更高层次，即培养负责任的、勤奋的、独立的、积极的良好心理品质的实现。因而大学生心理健康教育既要消除疾病和基本适应问题，更要注重培养良好的心理品质。既要尊重和利用大学生自我意识运行的心理机制，开展大学生的自我教育、自我管理、自我完善，又要高度关注个别学生自我意识的偏差和矛盾，对少数学生加以重点关注和关怀；既要坚持对大学生理想自我的提升，给他们提出和推荐具有亲和力和感知度的榜样，引领他们理想自我的发展，又要坚持增强大学生自我意识调控的能力，让他们具备调节情绪、抵抗挫折的素质。通过注重培养自尊、自爱、自律、自强的良好心理品质，引导大学生积极向上的人生态度和执着坚定的信念，造就有社会主义责任感和历史使命感的人才，使大学生自身的聪明才智用于改造世界，在推动社会进步中发展自己，并促进大学生思想道德素质、文化素质、专业素质和身体素质共同协调发展。

大学生心理健康教育要着力塑造健全人格。素质教育的核心就是培养人的全面发展，这里的全面发展既是知识能力的发展，更是人格的不断完善，因而健全人格的塑造成为大学生心理健康教育不可忽视的部分。目前，大学生群体以"00后"为主体，他们大多为独生子女，不曾经历苦难，独立生活能力相对较弱，情感体验多以自我为中心。而进入大学之后，如何整理自己的物品，如何规划自己的时间，如何面对学校的纪律和规定，如何面对没有选择的集体宿舍，如何面对来自不同城市的同学，如何更好地理解与宽容他人……这些都成为"00后"大学生要去克服的难题。而这些问题的解决都是以人格的不断完善为基础的，如果大学生不具备较为完善的人格，则在处理上述问题时极易出现偏执、病态、甚至扭曲的行为。因而在大学生心理健康教育中，必须以情感教育法、品质教育法、生活教育法、榜样示范法、启发式教育方法和自我教育法等方式实现健全人格的培养。

二、大学生心理健康教育的特性

开展大学生心理健康教育能够提高学生的心理素质，提升思想政治教育的有效性，实现大学生全面发展的目标，这与大学生心理健康教育具有基础性、全员性、互助性、针对性、内化性和发展性的特征密不可分。

（一）基础性

大学生心理健康教育的基础性，是指大学生心理健康教育具有进行其他教育为起点的属性。大学生心理健康教育的基础性主要表现在以下几个方面。

1. 大学生心理健康教育构建教育的生命基础

生命是教育的前提和基础，生命的发展是教育的根本使命。一方面，生命的存在是教育出现的生物前提，让教育得以可能去帮助人与自然之间获取信息和能量的交换。另一方面，人的生命也是对精神和社会属性发展的追求，人要以社会的形态生存，就必须要在生命的基础上获得文化、智慧、道德、人格等精神方面的发展。以上这些都在心理健康教育中得以体现和关照，它不仅涵盖大学生的生活、生命、人性、价值等层面，尤以心理健康危机系统的构建彰显珍视生命、发展生命的意义和价值，阻碍心理疾病、人格缺失对人生命的践踏。这不仅是塑造具有健全人格和主动发展精神的人的基础，也是构建和维护教育得以存在和延续的生命基础。可见，大学生心理健康教育是维护人的生命基石，生命是教育学思考的原点，在一定意义上，心理健康教育直面人的生命，是为提高人的生命质量而进行的社会活动。

2. 大学生心理健康教育承担人才培养的非智力基础

人是有思想、有感情、有个性、有精神的高级动物，作为人才培养基地的大学而言，其主要任务就是"育人"，培养有思想、有感情、有个性、有精神世界的人，而不是"制器"，不是制造高智商、高能力，却呆板、没有情感、没有灵魂的人。许多实证研究也表明，成功的人才只有20%的有效动力来源于智力因素，有80%的有效动力源自非智力因素，也就是说人才培养的基础不是智商，而是涵盖气质、性格、人文精神等的非智力因素。因此，作为以培养非智力因素为主的大学生心理健康教育，也就承担起了人才培养中的非智力基础的意义和价值。

3. 大学生心理健康教育维护社会主义和谐社会的基础

我国所要建设的社会主义和谐社会应该是民主法治、公平正义、诚信友爱、充满活力、安定有序、人与自然和谐相处的社会，这映射出社会主义和谐社会至少包括四个方面的和谐：人自身身心关系的和谐、人与人之间关系的和谐、人与社会之间关系的和谐，以及人与自然之间关系的和谐。无论哪种关系的和谐，其核心都在于人，也都是以人为着力点的和谐。因为只有心理健康的人才能够乐观地面对人生，正确认识社会发展变化的规律，关心他人，遵纪守法，自觉地承担社会义务，拥有和谐的人际关系，为社会的发展贡献自己的力量，以此为基础的人群才可能构建现实中的和谐社会。对以培养社会主义合格建设者和可靠接班人为己任的大学教育而言，向社会输送心理健康的学生，也就是在奠定社会主义和谐社会的基础，所以大学生心理健康教育也就具有维护社会主义和谐社会的基础性特征。

（二）全员性

大学生心理健康教育的全员性，是指该教育具有教育主客体全体成员参与活动的属性。大学生心理健康教育的全员性主要表现在以下几个方面。

1. 心理健康教育客体全体参与活动的属性

一方面，心理健康教育的目标是让每个受教育的学生了解心理健康的基础知识、了解和发展自我、提高自我心理调适能力，对全体学生心理素质的提高具有重要意义，是全部客体学生接受人才塑造实践教育的一部分，每个客体学生都被纳入心理健康教育的目标中。另一方面，心理健康教育的过程是每个客体学生参与其中的实践过程。首先，心理健康教育不仅是知识传授，更主要的是实践体验和内化领悟，每个客体在教育过程中感知人与物、人与人、人与自然的相处，用自己的内心审视与周围世界交流过程中的心灵变化，哪怕是先天有缺陷的听障人士、自闭的学生，也都能够在教育过程中审视自己的内心世界，因此心理健康教育的过程可以深入每个客体学生的心灵审视和心理成长中。其次，大学生作为心理健康教育的客体显现出更加自主的能力，在教育过程中表现出更加积极主动地参与教育活动的特性。他们会像成人一样去思考和生活，更加注重挖掘潜能、寻求发展和实现自我价值。每个大学生对心理健康教育都有强烈的需求，因而心理健康教育显现出更广的覆盖和需求的全员性。

2. 心理健康教育主体全体参与活动的属性

心理健康教育是心理健康教育教师、思想政治教育教师、其他专业课教师、管理和服务人员都积极参与、共同承担的一项教育活动。首先，心理健康教育教师是大学生心理健康教育主体的核心。他们运用专业的知识和技能帮助大学生提高对心理健康的认识，传授增强心理素质的方法。"配备一定数量专职从事大学生心理健康教育的教师"成为加强大学生心理健康教育队伍建设的首要渠道。其次，思想政治教育教师是大学生心理健康教育的重要力量。"特别是思想政治理论课中相关课程教学对提高大学生心理素质"具有重要作用，作为思想政治理论课主体的思想政治教育教师也担负着通过案例教学、体验活动、行为训练等形式提高学生心理素质的重任。最后，高校管理人员也承担着组织和参与大学生心理健康教育的重任。在《关于进一步加强和改进大学生思想政治教育的意见》中还提出了大学生思想政治教育要坚持"教育与管理相结合",把管理者的职责提升到融思想政治教育于管理长效机制的高度,作为思想政治教育创新方法之一的大学生心理健康教育,同样也有一部分职责分担在管理和服务人员肩上。

3. 环境要素全体参与活动的属性

环境要素全体参与活动的属性,是指学校、家庭、社会的"三位一体"全员性心理健康教育。学校已然是心理健康教育的主要环境,既要"充分发挥课堂教学在大学生心理健康教育中的重要作用",也要"积极开展心理健康宣传教育活动"。但大学教育不仅局限于教书育人,还在于连接家庭、社会、学生的综合力量,实现提高大学生心理素质的路径和环节上的多样化。《关于进一步加强和改进大学生思想政治教育的意见》指出,"加强高校心理健康教育与咨询示范中心建设""启动大学生思想政治教育质量提升工程"。作为大学生最终生活的主战场——社会,既可以检验学生学习成果,同时潜移默化地感染和引导大学生的成长,它的价值取向、心理状态也影响着大学生的价值诉求和心理发展。此外,家庭环境中,父母长辈的言行更会直接影响大学生的心理健康发展,了解家庭及教育方式和存在的问题也已经成为学校心理健康教育工作的途径之一。

(三) 互动性

大学生心理健康教育的互动性,是指在教育过程中,教育主客体的活动具有相互作用、相互影响的属性。大学生心理健康教育的互动性主要表现在以下几个方面。

1. 不同层次的心理需求

主客体间或客体之间的相同或相近价值观和生活方式的互动关系满足不同层次的心理需求。在大学生心理健康教育过程中,精神问题只占极小部分,绝大部分是涉及学业、情感、人际关系等日常心理问题。人作为"一切社会关系的总和",其日常心理和情绪也在社会关系的交往中得以排解和消融。心理健康教育过程,就是在贴近学生心理需求,解决学生心理问题过程中,建立主客体和客体之间的互动关系,形成具有相同或相近的价值观、生活方式、人生经历的互动关系,既在情感上容易形成共鸣,也会降低心理防御,容易找到情绪纾解和思想交流的切入点和互动点。以此来满足不同层次客体的心理需求,尤其是学生日常心理问题的需求。

2. 助人自助的互动价值的实现

心理健康教育过程既是教育过程,也是主客体和客体之间互助的过程。在心理健康教育中,讲授、活动、倾诉等过程可以建立互信、稳定的互动关系,实现主体、客体共同主动探索和解决人生中各种难题的稳定关系。这种探讨氛围下的稳定关系可以增强学生的主体意识,形成主客之间、客体之间的互助价值。一方面,施助的教师或学生帮助受助学生学会独立地解决自己面临的问题;另一方面,施助的教师或学生在帮助他人的同时强化自己的心理素质，也帮助了自己。诚然，互动性不仅仅停留在同情、理解和接纳的层面，还要在探讨问题的过程中引导积极正面的价值观念，学会独立思考学校、社会赋予的责任，学会独立解决压力问题，从而增强自身的心理素质。

（四）针对性

大学生心理健康教育的针对性，是指该教育具有根据大学生群体所处成长阶段和面临心理问题而有针对性地开展教育活动的属性。大学生心理健康教育的针对性主要表现在以下几个方面。

1. 针对大学生活的不同阶段开展教育活动

大学生心理健康教育针对大学期间大致会经历新生、老生和毕业生三个阶段，有针对性地开展教育活动。新生的心理素质由其大学前的生活和学习经历所决定，他们的学习基础、家庭条件、兴趣志向、环境影响都有所不同，这一阶段的心理健康教育活动是帮助新生调整好心态，找准自身在大学生群体和大学学习中的定位，以朝气蓬勃、精力充沛的精神面貌迎接新的生活。老生阶段对新的环境已经逐渐适应，开始有独立的见解和思想，形成特有的个性化生活模式。但模式化的生活容易在遇到挫折和困境的时候产生心理失衡和偏执，因此这一阶段主要针对具体心理问题展开专业化的心理咨询或心理辅导。毕业生阶段的大学生面对竞争激烈的就业环境，容易因理想与现实之间的差异产生心理落差，导致伴随焦虑和缺乏安全感的心理问题，相对应的心理健康教育也就以开展增加就业知识、更新就业观念、调整就业定位和摆正心态面对市场竞争的活动为主。

2. 针对大学生中不同群体的特殊性开展教育活动

大学生心理健康教育针对贫困生、女生、网络生等不同大学生群体的不同心理问题，有针对性地开展心理健康教育。贫困生面对家境贫寒的现实困境，在心理上与家庭富足的学生产生落差，为无力改变家庭的现状而焦虑和压抑，自卑而又无奈，落入心理焦灼的囹圄。在对贫困生进行心理健康教育时，需要针对家庭背景、经济状况做好心理预警和干预。女生则心思细密、情感丰富，容易遇到情感脆弱等心理问题，再加上自身性格的特点，不容易像男生通过宣泄等途径获得情绪释放，容易压抑情绪而导致抑郁。对女生进行心理健康教育时要给予更多的关心和温暖，让她们学会释放情绪，学会调节压抑的情绪。网络生是互联网产生后形成的一个特殊群体，他们沉迷在与网络有关的游戏、购物、聊天等虚拟世界里，不能自拔，导致生活能力下降，人际关系出现障碍。在对网络生进行心理健康教育时，主要解决虚拟世界和现实世界的认知和价值观偏差问题，纠正网络使用时间过长的行为，帮助他们重新回到现实世界中。

三、大学生心理健康教育的作用

作为高等教育的一部分，大学生心理健康教育有针对性的提高学生的心理素质，同时也有助于学生德、智、体、美综合素质全面发展。大学生心理健康教育，可以促进思想政治教育目标的实现，提高道德素质；可以奠定健康成才的基础，提高身体素质；可以激励潜能开发，提高综合素质。

（一）促进大学生思想政治教育目标的实现

心理健康教育具有促进大学生思想政治教育目标实现的作用，主要表现在以下几个方面。

1. 提高心理素质以实现培养合格人才的教育目标

这里的合格人才指的是大学生中的成才者。本书认为，合格人才是指符合社会主义现代化建设人才标准的大学生，是社会主义建设事业所需要的人才。如何通过提高心理素质以实现培养合格人才的教育目标，主要有以下两个方面。

（1）提高心理素质可以提升大学生学习与人际交往能力。知识获得和学习能力的提升有赖于心理素质的提高，具备独立自主的人格特征、互助协作的人际交往能力、恰当适宜的自我认知状态，将有助于大学生提高自主学习的能力和获取知识的动力。第一，心理健康教育旨在提高大学生的学习能力，能够自主独立的学习，这既减轻在学习中对他人的依赖，培养学生朝着主体性、独立性方向发展，也能够充分调动大学生对知识进行独立自主的自我建构，形成独立查阅资料和文献、自主寻找学习资源的能力和动力。第二，心理健康教育有助于提升大学生的人际交往能力，既科学认识人的社会性本质，也科学实践人的社会性能力，平等地与老师和同学建立和谐的人际关系，帮助大学生实现独立却不独自的学习，在独立学习过程中加强与教师和同学之间的交往与合作，在互动中实现对知识量的更大获得和知识面的更广接纳，同时提高学习的积极性和乐趣。第三，心理健康教育帮助大学生更加科学和客观地审视自我，包括自我认知水平和自我能力发展，这有助于大学生在学习中根据自身状况与指导教师共同探讨学习目标，调整自主学习的速度，客观积极地评价自身学习过程，帮助大学生有效率和有针对性地提升自己的学习水平和能力。

（2）提高心理素质可以提升大学生适应社会和就业能力。就业能力是大学生在校期间通过学习知识和提升素质而获得的能够实现就业理想、满足社会需要、在社会生活中实现自身价值的本领。具备较强社会适应性、较高职业认同感的大学生，表现出更为突出的就业能力。第一，心理健康教育有助于提高大学生的社会适应能力，一方面帮助大学生提升对新环境的忍耐力，另一方面帮助大学生形成主动性人格，积极探索不确定和模糊的情境，以此促进大学生在就业环境中保持相对的自如，同时更容易识别和把握机遇，主动应对就业中出现的各种现实和心理问题。第二，心理健康教育可以促进大学生在情感、兴趣、动机上感性和理性并融地对待职业选择和职业发展，科学认知并坚持自身的职业动机、个人价值等因素，帮助大学生在新的职业环境下减少职业轨迹的外部定位，甚至在混乱的职业环境下也能够坚守自己的个人价值、动机和职业兴趣。第三，心理健康教育可以帮助大学生具备收获人力资本和社会资本的能力。一方面通过塑造大学生自主独立的人格特征，互助协作的人际交往能力，恰当适宜的自我认知状态，帮助大学生构建起与职业相关的知识和技能，从而提升个体职业发展的人力资本；另一方面，通过提升人际交往的能力和技巧，在教师、同学等社交网络中丰富自己人际层面的就业能力，形成正式或非正式的职业关系网，为职业选择和发展提供相关的重要信息和资源。

2. 促进中国精神的养成以实现培养可靠接班人的教育目标

可靠接班人是指培养德、智、体、美、劳全面发展，能够接替前辈事业的人才。可靠接班人包含两层意思：一是思想素质高，政治立场坚定；二是知识能力素质较高，是人群中的先进代表。实现培养可靠人才的教育目标体现在以下两个方面。

（1）从思想素质和政治信仰的角度而言，既要培养大学生对实现社会主义现代化和中华民族伟大复兴"中国梦"的正确认识，也要引领大学生对现代化建设和国家宏伟目标的实现充满心理认同和感情融入。心理健康教育可以为思想政治素质的提升提供两方面的重要力量。一方面，为思想素质和政治信仰的形成提供从感性到理性的认识基础。大学生在学习过程中对社会的认识是一个过程，他们首先获得的是对国家和社会发展的感觉，通过经验积累发展为知觉，感知信息在大学生头脑中形成印象并保存下来，在反复出现和印证过程中加深记忆，这一系列心理活动帮助大学生形成客观感性的社会发展认知，同时随着心理健康教育赋予丰富的心理材料，促进思维从感性上升到理性，帮助大学生从自我发展、自我认同等心理需要的角度把自身和国家、社会紧密地联系起来，形成情感与理性兼有的对社会和国家的思想政治观念和观点，从而对社会主义建设的本质和规律形成富有感情的科学认知。另一方面，当前也是社会主义政治、经济、文化深入改革的时期，各行各业对人才思想素质和政治信仰要求的高标准也是前所未有的，不仅要以澎湃激昂、坚韧不拔的毅力和精神作为支撑力，更要以昂扬的斗志和坚韧的民族精神作为动力才能实现社会和个人的"中国梦"。心理健康教育帮助大学生认识自我，发掘最大身心潜力，传授和锻炼克服困难、经受考验、承受挫折的能力，增强心理素质，培养拓展人际关系，适应社会发展，形成自尊、自爱、自律、自强的心理品质，引导大学生走出狭隘、封闭、自我的精神窠臼，促进其精神世界的完善和发展，以最自信、最自豪的精神状态和开阔的视野与胸怀去实现"中国梦"，这也是大学生更高标准地展示其实现国家发展和民族复兴重任的精神动力。

（2）从知识能力素质发展的角度而言，心理健康教育为提升知识能力素质奠定必要的基础。任何知识和能力素质的发展都不是一个简单的认识过程。知识和观念的获得过程，与大学生的需要、动机、兴趣和态度等个性心理品质密不可分。心理健康教育帮助大学生结合个人社会化发展，认识到自我发展与知识和能力之间互相依赖的密切关系，推动大学生提升知识能力素质，以促进社会和谐发展为己任。同时对个人获得知识能力的习惯养成、保持积极的态度和持续的兴趣，既从个人与外部世界的知识和文化认同上形成一定的积极认知，也从心理品质的培养和知识文化素质的养成上奠定基础。

（二）奠定大学生健康成才的基础

大学生处于身心发展的重要阶段，心理健康教育为大学生的成长和成才，以及在引导其人生发展和实现其人生价值方面奠定了重要基础。

1. 为培养世界观、人生观和价值观奠定思想基础

树立和稳固世界观、人生观和价值观需要统一的个人态度和价值观念，需要建立在对世界、人类和自身的理性认识基础之上，若没有客观理性的认识能力和思想基础，世界观的形成和稳固也就无从谈起。这个时期的心理健康教育从以下两个方面为大学生世界观、人生观和价值观的理性认识提供心理基础。一是心理健康教育帮助大学生正确认识和处理个人与社会、权利与义务、个人实现理想与客观实际条件三种关系，增强大学生的自我控制能力，引导大学生通过自我的重新认识、体验、控制来统一个人态度、价值观、信念、理想等思想意识形态。在这一过程中帮助大学生提高自我认识水平，在矛盾中重获自我意识的统一，找到理想自我与现实自我的结合点，以此化解大学生在自我认识发展上思维生理成熟与社会经验缺乏之间的矛盾，以及自我意识中理想自我与现实自我之间不一致的自我意识矛盾，形成理性认识世界和社会的心理基础。二是心理健康教育促进大学生完成儿童到成人的心理发展过渡，帮助他们在社会评价上逐渐完全放弃儿童视角的评价标准，坚定成人标准的评价取向，坚定自身的社会化角色的确定性，通过引导大学生积极、正面、科学地面对独立生活和独立学习，以积累社会经验，端正对自我的本质、信仰和人生态度的动机与认识，以此奠定世界观、人生观和价值观的心理基础。

2. 为人才作用的发挥奠定智力素质的基础

智力素质是指用以实现人全面发展，达成人生主要目标的智力，它能够使个体以全面发展为导向采取相应的行为，分析智力、创造智力、实践智力等都包含在智力素质中。心理素质的高低和发展也影响着智力素质的发展，一方面为创造智力提供必要的逻辑思维和推理能力，另一方面为智力素质的培养和训练提供积极的情绪保障。

（1）心理健康教育为大学生创造思维的发展提供自信、动机和科学的逻辑思维能力。创造思维是21世纪拔尖人才能力和素质的体现，而心理健康教育从三个方面为实现拔尖人才奠定了创造思维和能力的基础。一是心理健康教育依据大学生的心理特点，帮助他们处理好自我认识、自我管理、自我激励的问题，在对自我的全面认识基础上发掘自己的优点和长处，在正确处理人际关系过程中获得他人的肯定与支持，以此增强自信心，获得创造思维能力。二是心理健康教育引导大学生认识自己、征服自己、超越自己，明确创造思维和能力获得与培养的动机和目的，学会以积极的情感去增强创造性思维和能力。三是心理健康教育从多角度、多层次的视角帮助大学生以辩证的思维看待事物和问题，在尊重规律的基础上打破惰性思维和定向思维，以思维训练或者头脑风暴为内容之一的心理健康教

育是增强大学生创造力的重要方式。

(2) 心理健康教育为大学生智力发展提供积极的情绪保障。积极的情绪是提高智力素质的基础，它能够帮助人们在智力培养中控制和区分自己和他人的感受和情绪，并利用这种信息来指导自己的思维和行动。心理健康教育能够帮助大学生积极适应社会环境，减少问题行为以及焦虑、抑郁状态，以积极的应对方式处理工作和生活中的问题和困难。同时对自己的能力水平、自身素质有一个比较准确的心理定位，既不好高骛远，也不悲观怯懦，这有助于大学生以更加积极的心态去感受他人的情绪和控制自己的情绪。同时，心理健康教育中的生命意识教育、生存能力教育和生命质量提升教育帮助大学生在压力和挫折面前关爱生命、关爱自己、关爱社会，无论顺境还是逆境，都不忘社会赋予大学生的责任，以充分的社会价值感投入社会生活和学习中，这同样有助于大学生在各种环境和事件引发的极端情绪和情感状态下，仍然可以保持客观理性和积极乐观的态度，富有责任感地控制和调节自身极端的情绪和情感，防止理智和行为的偏差。可见，心理健康教育为塑造高品质的情绪智力给予了抗压能力和情绪控制的基本支持。

3. 为塑造健全人格奠定非智力因素的基础

人格是心理特征的统一体，是一个相对稳定的结构组织，并在不同时间、地域下影响着人的内隐和外显的心理特征和行为模式。大学生的健全人格包括具有和谐的人际关系、良好的社会适应能力、乐观向上的生活态度、良好的情绪控制能力和不断创新的能力。可见，一系列的非智力因素，包括建立对自我的健康认识、情绪情感的合理表达、个性心理的良好品质，都成为塑造健康人格的基本支持和动力。

(1) 心理健康教育有助于提升大学生的情感表达能力，增强非智力因素中的情感沟通能力。通过培养和引导大学生对自身认识、自身资源的把握，对引发负面情绪反应的原因进行合理分析，调控情绪状态，保持积极乐观的心态；通过训练和培养大学生的合作能力、适应能力、共情能力等，形成具有正确自我认知、积极情绪状态和良好个性心理品质的健康心理状态，这恰是塑造健全人格所必需的情感基础。只有在积极健康的情感状态下，大学生才能以正确的态度看待社会，以合适的角色和期望在社会中存在，为社会的发展充分发挥作用。

(2) 心理健康教育有助于培养大学生良好的个性心理品质，这为健全人格的塑造奠定了个性化的全面健康成长的基础。通过对大学生健康心理的培养，奠定良好的个性心理品质基础，磨炼大学生坚韧不拔的意志，弘扬艰苦奋斗的精神，激发积极健康的生活兴趣，坚定为社会发展做贡献的学习和工作动机，塑造崇高的理想和刚毅的性格，培养良好的习惯以及较强的社会适应能力等。以上这些非智力因素都是心理健康教育着重培养的能力和素质，也是个体在现代社会生存和发展的必备能力，它们能够帮助大学生在社会发展中抵抗挫折和压力，实现高效且积极的人际情感沟通，进而实现健康人格的社会功能。

（三）激励大学生开发潜能的积极性

大学生处于素质发展的重要时期，其生理和心理都存在极大的发展和提升空间，其潜能不可限量，只是大多数大学生并没有意识到这一点，更没有意识到自身潜能开发的无限性和可塑性。而心理健康教育能够洞察大学生潜能发展的需要，一方面引导大学生全面了解和认识潜能，激发开发潜能的动机；另一方面塑造大学生的健康个性，营造开发潜能的积极心理状态。

1. 全面系统的训练以激起开发潜能的动机

如同马克思所提的"自由而全面发展"是指向未来、指向共产主义社会必然实现的一样，心理健康教育对大学生的发展也是朝向未来、朝向素质和能力不断提升的方向。因此它不仅要帮助大学生解决自身发展中存在的必然的客观问题，更要引导和激发大学生获得更多更深层次发展的动力，也就是致力于激发大学生潜能开发的兴趣和动机。

（1）心理健康教育触及大学生内在对潜能开发的精神要求。它使大学生处于一种积极的接受潜能开发的状态，从而产生良好的潜能开发的内化过程。心理健康教育既要全面系统的介绍潜能的结构、形成、作用、开发方式等，又要将潜能的开发与大学生成长之间建立有效的系统连接，通过洞察学生发展潜能的需要，揭示人人都能发展潜力的事实，由此唤醒大学生主动开发自我潜能的意识。心理健康教育也把大学生的潜力开发动机由被动转化为主动，促使大学生成为开发自身潜能的主人。

在心理健康教育的直观感性实践活动中，引导学生动脑、动手，抓住大学生探究个体潜能作用和开发奥秘的兴趣和心理特点，尽可能地结合生活中大学生感兴趣的个人潜力的现实问题，把潜力开发和显现的强大力量带到大学生身边，让大学生接近和感受潜能开发的可行和可靠，"激其情，引其疑"，充分调动大学生关注和开发自身潜能的积极性，既尊重大学生主体潜能开发的地位，也充分发挥他们开发潜能的主体作用。

（2）心理健康教育让大学生对开发潜能的无限可能和多种方法充满自信。在基于心理学、教育学等学科对潜能的研究成果之上安排科学合理的潜能开发训练，以真实的潜能开发经历和成效让大学生真切感悟潜能的存在和巨大价值，由此激发大学生开发潜能的意识、信心、兴趣和动机。可以说，心理健康教育全面系统的介绍和训练潜能对于开拓大学生成长和发展的视野，不再局限于解决成长中遇到的基本素质问题，而向开发潜能，完善自我方面的发展起到了激发兴趣、引起动机的作用，促使大学生主动寻求健康发展的另一部分——开发潜能。

2. 塑造健康个性以营造开发潜能的积极心理状态

积极的心理状态是开发潜能的重要影响因素，如同高考时平和、积极的心理状态有助于激发潜能一样，以积极乐观的心理状态适应社会环境，以客观求实的态度处理个人需要和现实之间的关系，可以营造出有利于开发潜能的生理和心理环境，最终达到开发潜能的高成效。

心理健康教育致力于塑造健康的个性，而健康的个性则有助于克服身心和现实中的困难，让生活充满乐趣，正确认识个性上的不足和优越性，正确对待开发潜能的整个过程和保持积极的心理状态。首先，心理健康教育关注大学生在个性发展上的个体差异，引导大学生发展其内在的个性特点和特长，使每个学生都能够找到自己个性与才能发展的独特领域和成长点，有针对性地引导大学生向着符合自身个性特点的方向开发潜力，实现潜能开发事半功倍的效果。其次，开发潜能需要有巨大的精神力量和内驱力，这是一种创造性活动，也是一项非常艰苦的探索过程，心理健康教育塑造健康的个性可以经受住各种困难的考验。几个月、几年的潜力开发过程不能遇难即退，健康的个性帮助大学生在这个过程中抗得住挫折，耐得住寂寞。在潜能开发过程中，心理健康教育让大学生打开眼界，认识自我，树立自信心，以健康的个性保持乐观和积极的心理状态，平复开发潜能过程中的厌烦、消沉情绪，在学习和生活的关键时刻起到展现潜力的推动作用。所以，心理健康教育塑造健康的个性既完成了自身教育的目标，也为开发潜能营造了积极的心理状态。

第二节　大学生心理健康教育的必要性和重要性

大学生心理健康教育是教育工程的重要部分，培养社会主义建设者和接班人，培养实现"中国梦"的追梦者和中华民族伟大复兴的建设人才都离不开心理健康教育，它对国家、社会和教育都有着不可替代的必要性和重要性。

一、大学生心理健康教育的必要性

培养全面发展的高素质人才是时代赋予高等学校的历史重任，其核心是加强大学生的素质教育，培养社会主义合格建设者和可靠接班人。从培养什么人才，如何培养人才的视角着手，我们不难发现大学生心理健康教育是当前高等学校面临的迫切而艰巨的历史任务，是实现高等教育目标的关键。

（一）培养社会主义合格建设者和可靠接班人的迫切要求

培养社会主义合格建设者和可靠接班人，要求当代大学生既要有崇高的共产主义理想，坚定的政治信仰和良好的道德素养，同时还必须具备建设社会主义强国的本领。当前，我国改革开放已进入攻坚阶段，经济建设进入调整结构的转型期，急需大批政治素质高，思想观念新，掌握现代科学技术知识的建设者和接班人。在这样的背景下，培养社会主义合格建设者和可靠接班人就显得更加紧迫。

1. 心理健康教育是提升大学生政治素质的必要途径

政治素质是社会成员对国家公共权利与其行使过程的态度取向及相关参与能力。具备较高的政治素质是大学生在未来发展中能够为社会主义社会和国家贡献才能的政治保障，而心理健康教育从以下两个方面为提高政治素质提供必要条件。

（1）心理健康教育积极有效地帮助大学生协调和平衡成长过程中的心理发展矛盾，提高独立的政治觉悟。如刚入校的大一新生，要经历脱离父母的依赖心理和独立心理之间的矛盾，在心理健康教育的介入和引导下，促使大学生意识到自己原有的心理状态和思想认识不再适应新环境和新生活的要求，依赖心理和自我中心的思想状况不被集体和社会环境所接纳，因而激励大学生想方设法改变现状，提高原有的思想水平、觉悟程度，从更加符合集体主义的学校氛围和社会所接受的，更加符合社会发展要求的角度认知自我，以客观理性的方式表达思想和政治诉求。

（2）心理健康教育引导大学生实现政治社会化。大学生政治社会化是大学生个体与社会政治共同体在政治价值取向、政治态度、政治情感等方面进行互动，学习政治知识、锻炼政治能力、培养政治素质的过程。政治共同体也是一个文化共同体，更是一个群体心理的共同体，大学生在心理健康教育中获得对党的发展和中华民族群体发展更广泛的认同和情感，与社会政治体系紧密地结合起来，从而获得更广泛的社会理解、认同与支持。所以，大学生在心理健康教育课上获得的对政治意识形态和国家发展战略的情感认同，将很大程度上决定着国家政治社会的稳定与发展。从当前的形势来看，随着全球化进程的加快以及我国改革开放的深入，各种思潮都在侵袭青年大学生，大学生对我国政治体系产生了很多迷茫与误解。心理健康教育应该在认知和情感上帮助大学生认同政治体系的合法性，积极参与政治生活。只有这样，未来的大学生才可能成为社会政治文化的传承与创新者。

2. 心理健康教育是培养创新思想观念的必要措施

创新思想观念不是完全推翻已有的思想观念，而是体现在以下两个方面：一是解决旧有思想观念中的问题，实现思想素质的提升；二是发展积极向上的价值观念，践行社会主义核心价值观。

（1）心理健康教育通过有效引导和化解心理问题来解决与心理问题交织在一起的思想问题。大学生成长发展中的思想问题常常和心理问题交织在一起，心理健康教育在心理引导和教育过程中能够帮助大学生向有理想、有道德、有文化、有纪律的公民道德素养方向发展，进而提升大学生的思想道德素养。可见，心理健康教育已经成为促进大学生思想道德建设和素质提升成效的检验标准，它不仅有助于大学生健康心理品质的形成和发展，更重要的是能够为大学生思想道德素养的提升奠定心理发展基础，为解决思想矛盾和问题提供必要准备，为培养社会主义合格建设者培养提供坚强有力的思想道德素质保证。

（2）心理健康教育为大学生社会主义核心价值观教育提供健康向上的情绪和情感动

力。以正确的心态面对社会发展的挫折，更能在尖锐的社会矛盾面前坚定对社会主义核心价值观的信念和稳定的积极健康的情绪情感。心理健康教育帮助大学生以乐观积极的心理状态对人对事，积极看待和应对各种失败和挫折，形成较好的情绪调节能力，这些积极的心理状态和人生态度成为大学生信赖他人、信心充足、健康向上的动力，在这样的健康心理状态之下，大学生能够更加正面地理解、认可和接受社会主义核心价值观的内涵，不因少数不良社会现象以偏概全，不因少数糟粕思想全面否定传统文化的精髓，不因少量个人利益的牺牲否认社会价值的存在。客观理性地正视国家、社会、公民的价值，以正面力量指导自己的言行，这就是以心理健康作为评价是否具有坚定的社会主义核心价值观的重要意义，也是心理健康教育促进社会主义核心价值观培养的必要措施。

3. 心理健康教育是培养大学生掌握现代科学技术知识的必要手段

21世纪对大学生素质和能力的培养要求："把创新思维和社会实践紧密结合起来，要做到勤于学习、善于思考、勇于探索、敏于创新，激发求知欲和好奇心，在打好知识根基的前提下，提高创新思维能力，不断认识和掌握真理。"对新异事物敏锐，对真知执着追求，对发现、发明、革新、开拓、进取百折不挠，这些品质都与心理健康教育密不可分，通过以下方式为大学生掌握现代科学技术知识奠定必要的基础。

（1）心理健康教育为大学生全面掌握现代科学技术提供精神动力。对先进科学技术的好奇心和动力来自对个人全面发展和自我实现的高层次追求，而对全面发展和自我实现的追求恰是心理最健康的人的根本体现。换言之，人们对现代科学技术知识的追求，是自我实现和全面发展需要被激励时所表现的特征，是其能力发挥的最佳状态。因此，心理健康教育通过激发大学生自我实现和全面发展的热情，为培养对现代科学技术知识不懈追求的精神提供良好环境。

（2）心理健康教育塑造坚毅的个性心理品质，推动获取现代科学技术的能力提升。具备足够的好奇心和创新精神只是拥有了人才的内在素质，是否能产生社会和个人价值还要具有实践能力，只有把掌握现代科学技术的潜能力转化为社会效益，才能实现社会的发展进步。心理健康教育为实践者塑造乐观进取的个性品质，为实践提供充分的动机和理性的情绪调适，为遭遇挫折时提供攻坚克难的意志品质。帮助大学生在掌握现代科学技术的实践活动和学习活动中全面认识自我的变化和发展，承担经受失败和磨难的心理压力，抚平激动或狂暴的情绪，从而坚毅地投入再一次的实践中，实现现代科学技术能力的不断提升。

（二）大学生心理健康教育是提高育人质量的保证

育人是大学的基本职能，提高大学的育人质量意味着用新的努力满足新需求创造新价值，这需要明确质量提升的目标与路径。加强大学生心理健康教育作为对全面实施科教兴国和人才强国战略的回应，一方面着力塑造身心健康的大学生，回应提高高校育人质量的本质要求，另一方面提升大学生心理素质，回应提高高校育人质量的基本路径。

1. 塑造身心健康的大学生是提高育人质量的本质要求

提高高校育人质量的本质要求是育人，是育有理想、有道德、有文化、有纪律的健康人才。可见，随着社会经济的发展，社会竞争日益激烈，培养身心健康的社会主义合格建设者和可靠接班人已经成为高校育人的根本目标。身心健康是学生获取知识、技能的基础，身心健康也是学生全面发展智力、创造力的基础，品格、能力、创新精神等素质的塑造在本质上也必须以身心健康作为基础支持才能得以实现。一方面，心理健康教育成为贯穿大学生始终的需求，成为保障大学生学习和生活质量始终的要求。心理健康教育从大学生的心理发展问题和困惑入手，帮助大学生解决身心健康问题，在大学的不同阶段和不同时期为大学生的全面发展提供健康的身心保障。如帮助低年级大学生解决心理断乳期的困惑和问题，帮助高年级大学生全面认识生理成熟和心理成熟的发展，进而向着独立性和成人感方面稳步发展，促进个性发展的稳定，促进认识、情感、意志等方面的成长和进步，增强挫折和抗压能力。另一方面，又有针对性地实现特殊群体大学生的心理素质的提升，确保育人质量在每个学生身上获得必要的体现。比如，一些独生子女受家庭和特定生活环境的客观影响，容易处于令人担忧的心理亚健康状态，他们一旦自尊心和自我实现等要求得不到满足，就会出现情绪波动，轻者伤心落泪、沮丧颓废，重者离家出走，甚至轻生毁掉自己，育人质量在大学生这个特殊群体最根本性的体现为心理和行为的社会化，健康的个性心理品质的提升。心理健康教育通过营造浓厚的积极健康乐观的心理氛围，以提高思想认识和科学训练的方法促进身心健康，以探索自我，理解他人和了解社会的途径展示社会、他人和自己的密切关系，以危机干预、心理咨询和朋辈辅导的方式化解心理危机，挽救生命，促进身心健康发展。由此，可以实现对每个大学生获得生命价值和身心健康的双重保障，也是对育人质量本质的保障。

2. 心理健康教育是实现育人质量内涵式发展的基础

育人质量的提升要朝着内涵式方向发展必然要提炼校本精神，注重大学生的可持续发展，创新课堂教学方式和提升师资队伍素质。心理健康教育在校本精神中注入积极健康的学校心理氛围，为大学生可持续发展塑造健康向上的个性心理品质，为课堂教学提供新颖的学业辅导模式，引导师资队伍向着全面发展的方向进步。

（1）心理健康教育营造积极健康的心理氛围，培养健康向上的精神品质。心理健康教育在大学生成长过程中既理顺了他们的心理认知过程，让学生乐于学习和接受新知识，又着力实现学生在走向社会的过程中选择同世界接触的最佳方式，能够以坚强的心理承受能力在竞争的社会中生存，以健全的人格在严峻的考验中实现价值。在校园中营造出崇尚健康人格，追求个性与社会发展相融合的文化氛围。把提升心理素质与大学生内在需求紧密联系在一起，将大学生自身发展与价值实现的美好愿望和校园精神追求融合在一起，充分调动大学生对校园精神和个人持续发展的内在需求和巨大动力，为提高育人质量奠定环境支持和个体动机激励的基础。

（2）心理健康教育引导教师教学和素质提升朝着以生为本的方向发展。一方面，心理健康教育在教学方法上推陈出新，基于教育学、心理学和思想政治教育学的辅导、咨询和教学法等最新研究，引导教师教学朝着以生为本的方向创新教学模式和方法。比如心理健康教育的团体辅导、角色扮演、沙盘游戏等直指人的心灵与成长，体会社会人际关系的各种教学方法，让学生在心理感悟中学习知识，得到成长。另一方面，心理健康教育作为全体教师的责任，促使和引导着全体教师提高自身的心理素质和心理教育能力。每个教师都要具有积极坚强的心理品质的能力，提升人文关怀和心理疏导的素质与能力，引导教师素质朝着全面发展的方向进步。

（三）大学生心理健康教育是促进其自身发展的内在需要

新时期的大学生个性特点鲜明，有较为开阔的视野，他们对发展自身能力和素质有着强烈的愿望，在如同小社会的大学校园里，突出的表现为急于发展和实现社交、尊重、个人价值的需要。因此，大学生对心理健康教育有着强烈的内在需求，他们必须从心理健康教育课堂和实践活动中获得学习与生活的目标，从心理健康教育对心理品质的塑造中激发自身全面发展的动力，实现大学生独立成长，全面蜕变的追求，满足社交、尊重和自我实现的内在需要。

1. 实现大学阶段的成长成才目标需要开展心理健康教育

青年进入大学最重要的就是要学习科学文化知识，提升自己的业务和专业素养。同时，实现社会化转变也是大学生重要的内在需求。大学是进入社会前最后一个集中学习的阶段，大学生必须要在这一阶段完成社会人的能力和心理素质的转变，因此他们必须在心理健康教育中实现专业学习和社会生活的内在需要，获得持续促进自身发展的动力。

（1）从实现专业学习的发展需要来看，心理健康教育为其提供积极良好的学习动机。心理健康教育引导和激发大学生的学习热情和兴趣，并将其贯穿于寻觅知识、探求真理的活动中，使学习活动沿着正确的方向持续下去。同时，心理健康教育帮助大学生以健康、纯粹的学习动机面对学习生活，保持鲜活的好奇心去探究学习中的各种问题，促进大学生学习目标的实现，满足其获取专业知识和能力发展的内在需求。

（2）从实现社会生活的发展需要来看，心理健康教育为其适应社会人际环境和塑造社会认可的心理品质提供必要帮助。人际交往是社会生活中非常重要的一面，它体现了大学生在社会里爱与归属的发展，包括被人爱与热爱别人、交友融洽、保持友谊、和谐人际关系、被团体接纳和有归属感等。这是大学生进入陌生的校园环境之后的迫切发展，也是自身独立适应陌生环境，建立适合自身发展的人际环境的能力，是大学阶段最为急迫而重要的生活目标。诚如大学生所期望的那样，心理健康教育一方面帮助学生了解自己的人际现状，促使他们反省自己的交友状况和交友质量，帮助他们树立正确的友谊观，为发展良好的社交友谊打下基础。另一方面，培养大学生与人交往所必需的心理品质，提高自身的理解力、观察力，学习解决冲突的策略，正确处理和应对各种人际关系，最终促进大学生实现社会生活目标，满足其逐渐社会化的内在发展需求。

2. 激发全面发展的持久动力需要开展心理健康教育

全面发展是大学生学习成长的最终目标，也是大学生成长中最为长久和核心的内在需求。全面发展和自我实现都是人的最高发展目标，是人存在于社会的最高价值体现，是每个人终其一生的人生追求。心理健康教育引导大学生充满激情、坚持不懈地追求全面发展和自我实现的目标就是满足大学生实现人生价值的需要。心理健康教育主要从两个方面为激发大学生持久的全面发展动力贡献必要的力量：一方面，心理健康教育帮助大学生尝试客观地认识自我，发掘自己的潜能，发现成长带来的身心和能力的变化，帮助大学生充分体验全面发展和自我实现的快乐，感受生命和成长的骄傲和自豪。另一方面，心理健康教育向大学生展示全面发展和自我实现状态下如同"高峰体验"般的感受，让人心潮澎湃、欣喜若狂、如痴如醉，吸引大学生以浓厚的兴趣持续不断地投入自身持续发展的前进中。总之，心理健康教育就是从满足大学生追求全面发展的内在需要为契合，有效帮助大学生在兴趣、动机和个人心理品质上保持全面发展和自我实现的积极进取的长久动力，为激昂奋进地踏上全面发展的道路提供必要的精神动力支持。

二、大学生心理健康教育的重要性

现代社会已经将心理素质作为人才和大学教育评价的一个重要标准，因而心理健康教育具有举足轻重的作用，它不仅成为思想政治教育的重要任务，成为提升大学生心理素质的要求，更成为营造大学生集体心理，实现大学教育目标的必备条件。

（一）大学生心理健康教育是高校思想政治教育的重要任务

大学生心理健康教育作为高校思想政治教育的重要任务体现在两个方面：一是它承担了高校思想政治教育工作任务，是实现思想政治教育任务的重要环节；二是它担负着高校思想政治教育赋予的责任，促进大学生思想政治素质的提升。

1. 开展大学生心理健康教育是完成高校思想政治教育任务的重要环节

大学生心理健康教育在理论和实践中都积极服务于高校思想政治教育工作，成为完成育人任务的重要环节。

（1）心理健康教育必须为思想政治教育服务。心理健康教育服务于思想政治教育的最终任务，即实现全面发展的人才教育观，成为实现思想政治教育任务中的重要一环。人类发展的最高形式是"建立在个人全面发展和他们共同的社会生产能力成为他们的社会财富这一基础上的自由个性的联合体"，可见以培养全面发展人才为目标的思想政治教育同样要重视人的个性发展。一方面思想的发展离不开心理的成熟、兴趣和爱好、性情和气质、积极的活动性等，也为形成和稳固共产主义信念和世界观提供了客观理性认识社会的生理和心理基础，并由心理健康教育通过培养和发展认知、情绪、意志、气质、性情等方面的综合素质，完成思想政治教育、健全人生指导的心理成熟的基本准备。另一方面心理健康教育塑造大学生特征鲜明的个性品质和健全人格，突出社会主义社会的规范品行和健全人格在育人中的重要作用，这恰好与思想政治教育突出的理想信念和德育教育理念不谋而合，心理健康教育同样重在塑造社会主义社会建设的合格建设者和可靠接班人，而不是技能突出的失德者或人格缺失者。

（2）心理健康教育应成为开展大学生思想政治工作的有效途径。《关于进一步加强和改进大学生思想政治教育的意见》充分肯定了大学生心理健康教育作为新形势下开展大学生思想政治教育的有效途径，通过心理健康教育实现理想信念、爱国主义和民族精神教育在实践工作中逐渐显现丰富的内涵和作用，利用心理健康教育打开心结的方法化解学生的思想问题也成为完成思想政治教育任务的重要途径。《普通高等学校辅导员队伍建设规定》也明确要求辅导员在思想政治教育工作中开展日常心理健康教育，引导学生养成良好的心理品质，由辅导员的谈心工作实现对大学生健康心理素质的引导，并由此完成树立大学生自尊、自爱、自律、自强意识的工作任务。

2. 心理健康教育承担着提升大学生思想政治素质的重要任务

如今大学生的思想问题已经不再是简单的政治问题和道德问题，常常是和心理问题交织在一起，甚至是心理问题的外在表现，因而心理健康教育也就成为解决思想政治问题和道德问题的切入点，承担起提升大学生思想政治素质的重要任务。

（1）心理健康教育承担着实现大学生思想政治素质内化和外化的任务。思想政治素质是一种相对稳定的心理特点、思想倾向和政治行为习惯，其形成和提升包括内化和外化两个过程。大学生思想政治素质的内化过程是对社会发展和政治思想的选择、分化、融合、顺应的过程，它包括感受与认知、分析与理解、选择与接受等多个阶段。这些阶段也都对应着大学生一定的心理过程，需要心理健康的支持，需要心理健康教育的引导。同样，大学生思想政治素质的外化则是把已经形成的思想政治信念自主地转化为其思想政治行为，其中包括行为动机、行为选择、行为实施、行为习惯等多个阶段。这一过程同样需要在大学生健康的心理活动的参与下才能实现，也要受到大学生心理健康状况的制约，还要受到大学生心理健康教育状况的制约。这说明大学生心理健康教育制约着思想政治素质的提升，前者的发展进步对于促进大学生思想政治素质的提升具有突出的重要性。例如，心理健康教育消除了大学生中的反社会人格障碍的心理问题，也就有助于消除以自我为中心、自私冷酷等思想和行为特征，防止大学生表现出与社会主义建设相抵触的思想政治素质和行为。

（2）心理健康教育担负着稳固思想政治素质的任务。缺乏心理健康教育的支持，大学生心理方面的迷茫和困惑会加速思想政治素质的下降，动摇思想和信仰的根基。心理层面的无价值感、社会关系不适等问题会影响大学生对自身和社会的科学认知，进而表现出理想淡化、信念动摇、社会公德和责任感差、价值取向趋于功利等思想政治和道德方面的问题。这些问题也势必会动摇大学生的思想政治素质和行为表现，比如把向党组织靠拢作为实现个人利益的手段，对党的认识也会趋于功利化。同时，大学生在人生的发展节点上也的确面临许多实际困难，这些困难所产生的心理影响如果缺乏科学的引导和教育，也会积蓄不良的情绪和心理问题，导致其思想道德素质和行为下滑。比如有的大学生在就业竞争的紧张压力下，就跨越了思想政治和道德规范的底线，出现违反社会主义道德和法律底线的行为。因此，心理健康教育帮助大学生实现对自我价值的肯定，引导对社会关系积极良好的适应等，都是为实现大学生思想政治素质的稳固任务而给予的必要支持。

（二）大学生心理健康教育是提高心理素质的要求

心理素质是我国素质教育中提出的一个本土化的概念，是以个体的生理条件和已有的知识经验为基础，将外在获得的刺激内化成稳定的、基本的、衍生的和发展整合的并与人的适应行为和创造行为密切联系的心理品质。提升心理素质是大学生心理健康教育的主要目标，它是人才素质中的基本素质之一，因而需要长期系统和富有专业性的教育进行引导，大学生心理健康教育也就在此要求上应运而生。

1. 心理素质科学系统的培养要求提高大学生心理健康教育的地位

大学生的基本素质包括生理素质、科学文化素质、思想道德素质和心理素质。相对而言，传统教育对前三种素质比较重视，而心理素质的培养长期被忽视。实际上，心理素质与前三种素质具有许多相似点，它是人才培养的基本素质之一，是大学生在青年期的发展中较为系统的素质展现。在青年的不同时期，大学生的心理发展会经历不同的过程，比如青年初期对友情的极度渴求，对家庭的依赖，青年中期对亲密异性人际关系的需求，对社会化角色的成功转型的心理追求等。不同时期的心理发展成熟与否自然关系到心理素质的提升，而这一系列不同阶段的不同心理发展和心理素质的提升，不是一种方法、一种内容的教育就能实现的，需要在科学的、专业的、系统的教育引导中才能有效实现，这就要求足够重视并全面开展大学生心理健康教育，要求提高大学生心理健康教育的地位。

在实践中，大学生心理素质的科学系统培养也的确是在提高大学生心理健康教育的地位中获得发展和进步。改革开放初期的大学生心理健康教育处于自发组织、自发行动的状态，其科学地位刚刚得到承认，大学里普遍没有开设心理健康教育课程，只有通过哲学社会科学课程和社会实践活动的形式开展一些提高心理素质的教学、活动和训练。然而，这类教学和活动缺乏较高的科学性和系统性，因而不利于大学生心理素质的提升。直到大学生心理健康教育得到党和政府的大力支持，其教育教学和活动开展的地位得到充分肯定，大学生心理素质的培养才进入了科学系统的发展阶段。尤其是《关于进一步加强和改进大学生心理健康教育的意见》等系列配套文件陆续出台，各高校把心理健康教育纳入人才培养工程，在教育中发扬社会主义优秀品质，传承民族文化的进步，最大限度开发大学生身心潜力，注重培养自尊、自爱、自律、自强的良好心理品质，增强了大学生克服困难、经受考验、承受挫折的心理素质。可见，大学生心理素质科学系统的培养要求心理健康教育地位的充分肯定和不断提高。

2. 大学生心理素质的提升要求提高心理健康教育质量

大学生心理素质的提升要基于科学的标准和机制，向规范化和科学化的方向进步，才能将大学生心理素质的提升由经验上升为理论，再由理论升华为科学，最后由科学固化为模式和制度。而这一切的实质是要求认真研究和把握心理健康教育的规律，完善心理健康教育标准，健全心理健康教育机制和制度，保障其质量的迅速提高。可见，心理健康素质的提升归根结底是要求大学生心理健康教育的质量向着高品质的方向发展。

改革开放以来，大学生心理素质的提升也的确是在心理健康教育质量的提高中发生着变化，并且仍然呼唤和要求继续提高心理健康教育质量。在改革开放初期，随着拜金主义、个人主义、享乐主义等不良现象的出现，以及心理健康教育质量的较为低下，这些消极因素未能得到很好的控制，在滋生蔓延中使大学生在观察、了解人生和社会中感到前所未有的迷茫和困惑。全国范围的调查显示超过1/5的大学生存在心理问题，因心理问题而发生的大学生自杀和他杀等极端事件也成为困扰社会的问题。此后，质量逐渐被提高的大学生心理健康教育给予了学生心理发展所需要的心理指导和援助，以社会进步的方向审视自我，以民族文化认同的情感回报社会，以自我发展追求的毅力来看待人生和对待他人，使大学生在社会发展中展现出了明显进步的心理素质。他们绝大多数在面对激烈的学习和社会竞争中展现出坚韧的品格，并能充分展现自身才华，不仅顺利毕业，赢得适合自身发展的职业和工作，有的还主动投身到国际竞争中，每年出国留学和在跨国企业就业的大学生呈迅猛发展态势。心理健康教育质量的提高直接反馈为大学生心理素质的提高。

（三）大学生心理健康教育是营造集体心理的必备条件

集体心理是指集体成员在参与集体活动过程中形成的整体心理氛围。集体心理是集体的重要特征。集体心理包括集体的需要、利益、观点、情绪、信念、动机、舆论、传统等，其中最重要的是集体利益和集体情绪。大学生心理健康教育之所以是营造集体心理的必备条件，其理由有如下两个方面。

1. 为集体心理的发展奠定心理素质和归属价值的基础

高品质的心理素质是集体心理发展的前提，集体心理的发展需要健康积极的心理素质，特别是以集体合作、集体荣誉感和集体压力管理的心理素质为基础，才能使大学生在意识和认知层面具备集体意识，并尽全力为集体目标而奋斗。心理健康教育在培育和塑造健康积极的集体心理方面，具有不可替代的作用。一方面，心理健康教育有助于培养大学生积极向上、悦纳自我、友善待人、合作竞争、自信独立、乐群自律等集体心理品质，为大学生在感性和理性上获得集体心理的意识奠定基础。另一方面，心理健康教育的各种教育方法也为大学生创设了增强集体心理素质的训练环境。心理健康教育课程和活动的开展绝大多数是在集体心理氛围下进行，不仅有规范而系统的团体心理咨询模式，而且有以集体团队的咨询和教育形式融合学生的心理发展问题的解决，甚至还有许多专门针对集体心理素质培养的训练任务，比如集体中人与人之间相互信任的训练、在集体中分享个人经历和美好瞬间的训练、如何在集体中合理表达思想和观点的训练等。这些任务的开展能够让学生以积极和健康的心态参与到认识集体、协调集体人际关系、建设集体利益中。因而，心理健康教育拥有一整套针对集体心理发展的心理素质培养模式和训练方法，成为大学生集体心理发展的有力保障。

归属价值是集体心理发展的基础。心理健康教育为培养大学生集体归属感奠定了归属价值的基础，塑造了融入集体必须具备的集体归属感。集体归属感是一种热爱集体，维护集体威信，甘愿履行集体义务的情感倾向，是人的合群性的表现，培养大学生集体归属感也就是为集体心理的发展奠定了归属价值的基础。大学生心理健康教育通过课程设置、活动组织搭建人与人之间言语和非言语沟通的桥梁，增强情感交流，分享经验感受。随着人际交流和情感活动的频繁接触，大学生逐渐由以自我为中心走向主动趋同，在这个过程中体会和学习人际互动带来的人与人之间的理解和包容，尊重个体差异，建立坦诚互信的集体氛围，由此获得集体归属感的体验和对实现途径的掌握，由此改善集体人际关系，实现个人价值与集体价值的最大化，以包容、理解与共荣的情感状态融入集体之中。

2. 为调和集体价值的冲突培养必备的心理调节能力

集体的存在有着自身独特的关系模式、情感需要、准则规范、价值取向，而集体中的每个成员也有着鲜明特色的表达方式、情感需求、价值准则、目标定向。因而，集体与集体之间的不同、个体与集体之间的不睦和个体与个体之间的差异使集体中难免会发生价值冲突和矛盾。如何解决集体矛盾，如何处理与集体中其他成员的关系，如何调节集体价值与个人价值之间的矛盾，如何在集体矛盾中寻找到自身的定位和价值等问题就成为大学生能否顺利融入集体，能否在集体中长久地发挥自身价值，得到集体肯定，并为集体和谐做出贡献的关键。这需要大学生具备一定的集体冲突调节能力，化解集体矛盾的能力，以及在集体中调节个人心理状态的能力。心理健康教育中关于自我意识、个人成长、情绪调节、人际交往、学习能力与职业素养等主题，都渗透和融合了个体价值与集体价值关系比较，通过实现集体价值达到个人价值成功的教育内容。同时，在教育活动、团体辅导、拓展训练等方式中，大学生也能够亲身体会到集体中人际互动、心理分享、价值观整合、个人价值在集体价值中实现的快乐、幸福和认同的心理状态。一方面，通过认识个人与集体价值矛盾的形成过程，在意识上科学认识冲突的存在和矛盾的化解，学会与集体达成更多共识，调节与集体的认同度越高，越容易实现集体和成员之间矛盾冲突化解的调和目标，实现集体价值的心理调和意义。另一方面，通过引导自我发展与社会人际关系的协调，在情感和行为上学会客观、公正、于情于理的表达和沟通技巧，在处理集体价值矛盾中表现出被集体绝大多数成员所能接纳的情感和行为，实现集体价值冲突的调解和化解的最大肯定。可见，心理健康教育在认知、情感和行为上为调解集体价值的冲突奠定了心理调节能力的基础。

第二章 我国大学生心理健康教育的主要内容和发展趋势

第一节 以人为本理论的贯彻执行

有关教育理念的探讨，已经成为教育理论研究的热点问题。究其原因，一是科学的教育理念在教育发展中日益彰显其前瞻性、指导性和全局性的重要作用；二是教育理念作为教育理论体系的重要方面，在价值取向多样化的现代社会也趋于多样化发展，需要对其厘清并使其价值得以充分展现。对于教育理念的认识有多种观点，笔者认为，所谓教育理念是渗透着主体的教育价值导向，以社会发展现实和教育理论实践为基础，反映了主体对教育本质认识及应当追求的一种理性认识。教育理念是教育的灵魂和根本指导思想。正确的教育理念作为一种远见卓识科学地指引着教育前进发展的方向。对于心理健康教育来说，大学生心理健康教育发展走向如何，与现代社会转型有关，与当前我国大学生心理健康教育实况有关，更与我们具有怎样的教育理念有关。

大学生心理健康教育要顺应新时代、适应新情况、解决新问题、开辟新发展的首要思路和对策应主要体现在观念层面，然后才是具体内容、方法和途径层面。因此，对于我国大学生心理健康教育发展内容的研究首先从教育理念的发展入手。笔者认为，当前我国大学生心理健康教育发展应树立和坚持以人为本的教育理念。

一、以人为本教育理念的内涵解读

以人为本是科学发展观的核心和本质。党的十六届三中全会明确指出："坚持以人为本、树立全面、协调、可持续的发展观，促进经济社会和人的全面发展。"这是我们党适应新世纪新阶段全面建成小康社会的客观要求提出的科学发展观，是马克思主义者应始终坚持的发展理念。

为了更好把握以人为本的思想内涵，首先对以人为本之"人"做简要理解。人是什么，按照马克思主义观点，人是社会历史实践中的存在物。从纵向来看，人从劳动实践中走来，并通过社会劳动实践求得生存和发展；从横向看，人的本质是人在社会实践中表现出来的"一切社会关系的总和"。因此，对人的理解不能只是从直观的存在，从纯粹的对象去理解，而应从实践的角度出发，在一定的社会关系中去把握。"现实的人"是我们理解"以人为本"思想内涵的着眼点。在《德意志意识形态》中，马克思、恩格斯指出："我们不是从人们所说的、所设想的、所想象的东西出发，也不是从口头说的、思考出来的、设想出来的、想象出来的人出发，去理解有血有肉的人。我们的出发点是从事实际活动的人。"那么，什么是"从事实际活动的人"？

借用马克思、恩格斯的话来讲，"我们开始要谈的前提……是一些现实的个人，是他们的活动和他们的物质生活条件，包括他们已有的和由他们自己的活动创造出来的物质生活条件"。因此，对于以人为本的贯彻和把握，应以一定社会现实的人：他的社会地位、社会角色、年龄阶段；他的物质生活条件、所处的社会背景、时代特征等融合共性与个性因素为一体的"现实的人"为尺度。对于教育而言，以人为本之人，含有学校的管理者、教师和学生等，管理者和教师是为学生服务的，因此教育以人为本的实质是以学生为本。以人为本之"本"，即为根本和出发点，以人为本就是一切活动都要以人为出发点，以人为归宿；以人为中心，也以人为目的。以人为本内含着对人的生活状况的关注，对人的尊严的崇敬，对符合人性的生活条件的肯定，对人类的全面而自由发展的追求。

以人为本具有三层基本含义：其一，它是一种主体原则，是一种对人在社会发展中的主体作用和主体地位的充分肯定。"人是人的最高本质"，主体原则是贯穿于人类社会实践和客观世界的根本原则。其二，它是一种价值取向。以人为本的价值取向强调尊重人、解放人、依靠人、为了人和塑造人。尊重人就是尊重人的独立人格、实际需求、能力差异、个性发展，就是尊重人的个性价值和社会价值的充分实现。解放人，就是不断冲破一切束缚人的潜能发挥和自我实现的思想观念、现实阻碍，创造一切可能条件推动人们自由而全面的发展。其三，它是一种思维方式。以人为本的思维方式要求我们在分析、思考和解决问题时，既要坚持运用历史的尺度，也要确立并运用人的尺度；既要关注社会进步、科技发展，也要关注人的发展和生活的和谐；既要关注人的物质世界，也要关注人的精神世界；既要关注人之共性特征，也要关注个人独特的本质；既要尊重人们的理性诉求，也要关注人们对幸福和价值的向往。以人为本，意味着任何个人都应享有作为人的权利，对任何个人的权利都应给予合理的尊重；也意味着对人以外的任何事物都应注入人性化的精神和理念，给予人性化的思考和关怀。

以人为本是马克思主义始终坚持的发展理念，是一切社会历史活动所应遵循的原则和取向。那么，对于大学生心理健康教育而言，树立和坚持以人为本的教育理念也是促进教育发展，顺应时代进步，满足大学生实际需求的必然选择，是大学生心理健康教育发展的本质体现。

二、以人为本是大学生心理健康教育理念发展的必然选择

（一）心理健康教育发展蕴含着从"以问题为中心"到"以人为中心"的发展历程

现代意义上的心理健康教育始于西方心理卫生运动。如前所述，20世纪初，由于受工业革命的影响，美国社会问题变得特别复杂，给人们的生活带来许多忧虑和困难，尤其在校园里，学生的各种问题与日俱增，为了妥善解决学生中存在的多种问题，一批有识之士掀起一场旨在教育青少年如何了解自己、他人及周围世界的辅导运动，这就是学校心理辅导的萌芽。在这一时期，所谓的"精神病患者"或"有心理问题的人"仍然遭受着残酷的折磨和非人的待遇。1908年，美国精神卫生专家比尔斯根据他在精神病院所遭受的极其残酷的待遇及其所目睹的其他精神病患者非人的生活，悲愤地撰写了《发现自我的心灵》，再现了他住院期间的悲惨经历，揭露了精神病院的阴暗，抨击了医生对待精神病人的冷酷无情，以及呼吁社会关注精神病患者的遭遇，呼吁开展心理卫生运动。此书在美国社会引起轰动，心理健康卫生运动在美国蓬勃开展，其宗旨主要是保持心理卫生，预防神经或精神障碍，提高精神病患者保护标准等。在此期间，学校心理辅导的内容主要是针对学生中存在的学习、就业、心理障碍等问题的解决和调适。

由此可见，早期的心理卫生运动和学校心理健康教育主要是以问题为中心，重点是对精神或心理疾患的治疗和预防为主，学校心理辅导也主要是服务于存在严重行为问题和适应问题的学生，以治疗为主。随着社会进步，科学技术的发展，人们健康意识的提高，以治疗为主的学校心理辅导遭到越来越多的质疑和批评。人们普遍认为，学校的心理辅导只搞治疗而忽视发展；只为少数产生问题的学生服务而忽视了绝大多数学生的正常需求；只被动地等待问题发生后才去补救而不主动去预防问题的发生，有悖于学校教育和心理辅导的本质，主张学校心理辅导与教育工作不应只注意有问题的学生，而应对全体学生的发展给予更多的关注。当前西方各国学校的心理辅导和教育工作的职能已经由以问题为中心的矫治、预防转向了以学生为中心的教育与发展为主，心理辅导与教育已成为学校教育为广大学生所提供的一种最普遍也是最重要的服务之一。从我国大学生心理健康教育的实践发展来看也是如此，20世纪80年代中期，学校心理健康教育首先以心理咨询的形式在我国高校兴起，咨询对象主要是存在各种心理问题的部分大学生，咨询目的以治疗为主，在很大程度上忽略了绝大多数正常学生寻求发展的心理需求和精神需要。随着心理健康知识的普及、健康观念的提高、相关教育政策文件的制定和出台，我国大学生心理健康教育也正经历着由以问题为中心的咨询治疗向以学生发展为中心的发展性教育方向转移和发展。

从心理健康教育发展的理论层面来看，西方心理卫生运动起始的理论背景是精神分析理论的产生和发展，虽然弗洛伊德在以"升华""爱与工作"来表示对人生信念的时候也

表达了一种心理健康乃至健康心理学的理念，但总体来看，精神分析理论是弗洛伊德在长期的医疗实践过程中，在对以精神病患者或心理异常人群为主要研究对象的基础上发展起来的，其理论研究和治疗实践的主要理论和原则是以对问题的治疗与干预、对心理症状的消除为主。继精神分析之后，行为主义理论逐渐发展壮大。行为主义理论崇尚实证和实用，推崇客观量化的实验方法，其研究呈现出显著的"以学术为中心"的理论色彩。为了对人的行为现象做深入研究，行为主义撇开人性的情感与价值，以动物为实验对象进行严格的实验和理论分析，如巴甫洛夫用"狗"做实验提出了"条件反射"；斯金纳用"鸽子"做实验提出"操作条件反射"；托尔曼用"白鼠"做实验研究"认知地图"。自20世纪50年代以来，在对前两种理论批判继承的基础上，人本主义理论作为心理学中的"第三势力"发展起来。人本主义理论尊重人的人格和尊严，崇尚人的潜能和价值，关注人的发展和自我实现，如罗杰斯的"来访者为中心"理论，马斯洛的"自我实现的人"，弗兰克尔的"寻求生命的意义"。虽然人本主义理论是以抽象的人、一般的人为出发点，但依然遮挡不住其"以人为本"的理念的光辉和重要价值。

（二）以人为本的教育理念是大学生心理健康教育的本质诉求

心理健康教育包含三个层面的教育内容：对严重心理疾病、心理障碍的治疗与调适；对一般心理冲突、心理困惑的咨询、辅导和防御；培养良好心理素质，开发人们心理潜能，促进人们全面发展。对于前两项教育内容而言，心理治疗与心理咨询具有较强的问题针对性，主要是以问题为中心，目的在于解决或缓和某种心理疾病、某项心理冲突、某类心理困扰，但对于大学生心理健康教育而言，以心理障碍调治为目的的心理治疗并不是其主要内容，心理健康教育不是将自己的服务局限于一些出现心理疾病的特殊对象，而是面向所有的普通大学生，使每个学生在原有的基础上更进一步提高自身的心理素质。心理咨询的教育对象相对宽泛，虽然前来咨询的来访者大多是带着某项具体问题前来咨询，但对于大学生心理健康教育而言，心理咨询的本质往往是以求询问题为引题或突破口，来帮助大学生解析隐藏在问题背后的适应、认知、情感、思维等成长发展的人生课题，引领大学生在正视和调适的基础上，妥善解决存在的心理问题，更好地适应生活、学习及社会环境的发展变化，形成健全的人格和良好的心理品质，最终与心理健康教育第三个层面的教育内容相吻合。以学生为本，以大学生成长发展为中心，培养大学生良好的心理素质，开发他们的心理潜能，提高他们的生命质量，促进大学生全面而自由的健康发展，而发展又是最好的预防，这是我国大学生心理健康教育的本质所在。

从大学生心理健康教育的对象来看，顾名思义，大学生心理健康教育的对象主要是有知识、有能力、有追求的在校大学生，虽然有关大学生与心理健康相关的负面事件屡见于报端，但真正出现心理疾病，有严重心理障碍的大学生毕竟是少数，绝大多数学生面对的都是学习与生活、成长与成才等发展性问题。对于大学生心理发展特点，我国发展与教育

第二章 我国大学生心理健康教育的主要内容和发展趋势

学家张增杰（1913—1986）生前曾做过深入研究，他认为，大学生主要处于青年中期，从其心理发展水平来说正处于迅速走向成熟而又未真正完全成熟的过渡阶段。处于过渡期的大学生，其心理成分充满着特殊的矛盾现象，心理特点呈现出明显的积极与消极心理交织并存并相互制约转化的两面性，如思维敏捷但易于主观片面；精力充沛但易于滥用蛮干；情感丰富但易于失控；富有理想、积极向上、向往真理，但在缺乏正确思想指导时，求知欲与敏感性多导致迷信错误的、自以为是的"新知识"或"新思潮"。大学生心理特点的两重性及其发展过程的不平衡往往容易引起各种各样的心理冲突与矛盾，如强烈交往的需要与人际矛盾丛生；独立性与依赖性的矛盾；理想、愿望与现实生活的矛盾；强烈的性意识与正确处理异性关系之间的矛盾等。与此同时，他们又处于自我意识发展的新阶段，从着重朝外认识外部世界转而朝内认识自己，因此他们经常强烈地意识到内心所发生的种种矛盾。因此，大学生一方面为这些内心矛盾所困扰、焦虑，同时又为急于解决这些矛盾而努力挣扎，深感困惑。对于这些矛盾现象，张增杰认为，所有这些矛盾并非偶然，而是大学生成长发展过程中的正常现象，是大学生心理发展过程中特定的内部状态，并为其心理进一步发展提供依据，是大学生心理迅速走向成熟而又尚未完全真正成熟的集中表现。在深刻指出这些矛盾现象的基础上，张增杰又提出了教育上的忠告，如果我们不了解大学生心理发展的矛盾特征，不了解大学生将有什么内外矛盾，不了解这些矛盾的出现是必然和正常的，那么在出现一些问题时就会惊慌失措，解决问题时仅就问题而分析问题，不从大学生生活实际出发，或仅仅根据主观推测进行说教，这样非但无助于他们消除内心矛盾，反而会使他们感到委屈和反感，甚至导致矛盾的加剧、激化和质变，以致使他们认为无法克服而自暴自弃。

从一定意义上讲，大学生作为具有较高智力、较高文化和较高自尊的群体，他们通常有着更高的抱负和追求，面临着更多的机遇与挑战，也承受着更大的压力和冲突，可以说大学生所产生的更多的心理问题也正是他们想要更有所作为而必须付出的成长代价。因此，大学生心理健康教育要以人为本，从大学生特定的年龄阶段、身份角色、心理特征、现实生活、成长发展出发来理解大学生心理问题、心理咨询与心理教育发展的本质内涵与理念去开展。

从大学生心理健康教育的目标与功能来看，大学生心理健康教育的总体目标是形成、维护和促进大学生心理健康，培养大学生良好的心理健康素质，促进大学生人格完善、潜能开发和自我实现，从而为大学生德、智、体、美、劳综合素质的全面协调发展提供良好的心理基础。在总目标的指引下，根据大学生的不同状况和实际需要，又可具体划分为矫治性目标、适应性目标和发展性目标三个不同层次。矫治性目标主要着眼于学生的过去，目的在于对少数有严重心理障碍的学生进行调节和治疗；适应性目标主要着眼于学生的现在，目的在于对学生各种成长困扰的调适及相关适应能力的培养；发展性目标，着眼于学生的未来，目的在于促使学生在前两项工作的基础上获得最优化、最有效的发展，使大学生的潜能和人格得到最充分的发展和完善。可以说，这三个目标都是从大学生出发，以大学生过去、现在、未来为着眼点，又以大学生发展为归宿，三者从不同层次和角度最终归于大学生全面协调健康发展的总体目标中。与目标相对应，大学生心理健康教育也具有三项具体功能：矫治性功能、预防性功能和发展性功能。矫治性功能主要针对大学生已经产生的问题而提供具体的治疗、咨询和帮助，重在排除学生现存的心理问题，恢复学生的心理平衡，重建学生的自信心；预防性功能是根据大学生在成长过程中缺少经验和必要的心理准备而提供的防患于未然的心理健康教育，以免他们由于无知、脆弱等不成熟的心理因素而产生不必要的失误或问题；发展性功能主要从大学生潜能开发与自我实现着眼，以期形成良好的心理行为习惯、较强的心理调适能力、健全的人格特征及良好的心理健康状况。这三项功能以大学生成长发展为中心由低到高，环环相扣，也是大学生心理健康教育的价值所在。

由此可见，大学生心理健康教育的内涵、对象、目标、功能等要素内在地决定了大学生心理健康教育发展必然要坚持以人为本的教育理念。人是教育的中心，也是教育的目的，人是教育的出发点，也是教育的归宿；人是教育的基础，也是教育的根本，这是现代教育的基本价值取向。正如我国著名学者杨叔子所说："我们的教育失去了人，忘记了人有思想、有感情、有个性、有精神世界，就失去了一切。其实，我们的一切工作都是如此。都是以人为出发点，以人为归宿点。以人贯穿于各个方面及其始终，何况是直接培养人的教育？"

坚持以人为本的教育理念，就需要我们沉思学生的当下存在，理解他们的现实处境；就需要我们尊重学生的个性人格，呵护学生的生命尊严；就需要我们满足学生的主体意识，尊重学生的主体地位；就需要我们改变自身的教育方式，重塑教师的教育形象。对于大学生心理健康教育来说也是如此，坚持以人为本、贴近实际、贴近生活、贴近学生，提高大学生心理健康教育的实效性、吸引力、感染力，培养德、智、体、美、劳全面发展的社会主义建设人才。

第二节 大学生心理健康教育的覆盖内容

一、对于贫困大学生的心理健康教育

（一）"心理贫困"：贫困生教育不容忽视的现实课题

高校贫困生的出现与我国高等教育体制改革相伴而生。对于贫困生而言，面临的第一道难题就是如何解决经济困难。对此，中共中央、国务院高度重视，向全社会提出了"决不让一个高校贫困生因贫困而失学"的口号。经过几十年的艰苦探索，目前我国已经初步建立起以奖、贷、助、补、免为主体的、多元化的资助体系，在很大程度上缓解了贫困生在经济方面的生活困难，然而，其内心深处形成的心理问题并不会因此而得到自然的消

解。虽然贫困生大都表现出独立性强、耐受力强、勤劳质朴、学习刻苦等，但他们（包括贫困生中的优秀分子在内）大都存在精神上的困惑，不同程度受到心理上的伤害。许多贫困生产生了如焦虑、强迫、抑郁等心理不良反应，严重的甚至产生敌对、恐惧、偏执等症状。许多调查表明，贫困生在这些症状上的指数大大高于非贫困生。显而易见，贫困生的经济压力已经给他们带来了巨大的心灵痛楚。事实上，许多贫困生的问题并不主要出在经济困难上，相反，由于经济困难带来的一些心理贫困才真正构成了他们成长路上的一道障碍。

面对经济困难所带来的种种心理压力、苦涩辛酸，许多贫困大学生经受住了严峻的考验，通过自己的努力开始了崭新的生活，涌现出一批又一批贫困生英雄人物，如复旦大学的吕俊、上海铁道工程大学的陈瑞生等。然而，也有不少贫困生由于没有形成对经济困难的正确认识而无法摆脱沉重的心理压力，最终走向了歧途。

其实，和众多大学生一样，贫困大学生在入校之初对新的生活充满希望和憧憬，对师生友情充满向往和热情。然而，进入大学校园后，生活环境发生了巨大变化，沉重的经济压力顿时转化为巨大的心理压力。一方面，贫困大学生心理发展面临着当代大学生心理发展过程中普遍性挑战，如价值观冲突、就业压力增大、危机感增强，身心发展正处于"急风骤雨"时期；另一方面，他们还要承受由于经济拮据所带来的种种情绪压抑、体味世态炎凉，并由此导致程度不同的心理问题，如自卑、焦虑、无助、孤僻、忧郁、自我封闭、过度自尊、敏感多疑、冷漠攻击、逆反偏激等。如果不善于自我调适，缺少老师同学的相应理解和及时化解，这些心理问题就有可能由量变变成质变，最终以一些极端的行为来予以宣泄和减压。在贫困生中出现各类问题，并不纯粹是被经济因素压垮的，而更多的时候是被自己心理压力所击溃。从一定意义上讲，贫困生是潜在危机率较高的特殊群体之一，需要引起人们足够的关心、关注和重视。在对应届毕业生的调查中，有95.3%的高校贫困生承认自己曾经受过心理问题的困扰，有60.6%的人曾经咨询过心理医生。可见，许多贫困生并不忌讳自己存在一定的心理冲突和心理矛盾，并能在一定程度上予以正视，希望能够获得帮助和解决。因此，对于贫困生的帮助和教育必须基于经济解困和心理解困二者的结合。经济资助使贫困生获得当前学习生活亟须支付的基本费用，有了这些基本费用后，如何调整心态，增强自信，培养意志，增强能力是值得关注的重要问题。

（二）贫困生心理健康教育的着力点

高校贫困生教育是一个从物质到精神，涉及国家、社会、学校多个方面的系统工程，它需要全面启动以助学贷款为主要渠道的助学机制，需要营造良好的校园、班级、寝室文化氛围，需要开展积极有效的心理健康教育。开展有效的心理健康教育是消除贫困生心理问题的重要途径，但在进行心理健康教育的过程中，学校对贫困生在心理问题方面表现出来的某种群体特殊性不应加以放大或渲染，以避免伤害学生们的自尊。因此，解决贫困生心理问题的关键在于他们是否能够对自己的贫困处境有一个正确的认识，是否能够进行积极的自我调适。因此，贫困生的心理健康教育应主要从认知改善和能力发展两个方面着手。

1. 认知改善：引导大学生对贫困及处于贫困中的自我树立起正确的认知观念

认知是指人们对周围事物的想法和观点，是个体心理世界中最为能动、活跃的因素。心理咨询的研究与实践表明，认知影响着个体的心理健康状况，许多人的情绪和行为障碍正是由于其不合理的认知造成的。正因如此，具有不同文化背景和生活经历的人们对于同一客观刺激才会激起各种不同甚至是截然相反的情绪反应。比如，面对贫困，有的同学能够勇敢面对、奋力拼搏、发愤图强；而有的同学则消极悲观、怨天尤人、迷茫无助。

贫困生与一般学生之间存在心理差距的一个深层次原因是，贫困生以及其他学生是否认为彼此在地位上平等。许多贫困生的心理差距来源于对经济贫困的不正确认知，我比你穷，似乎我在地位上也比你低一个档次，也正是出于这个原因，许多贫困生不愿意被人作贫困生，被人称为贫困生意味着自己在各方面都抬不起头。可以说，在高校中出现的贫富分化现象，并不是表现为学生在高校中地位构成的变化，而是一种心理的力量，即在金钱面前的心理优势或者劣势的力量。正如一位贫困大学生所说的那样："每每看到周围条件好的同学出手阔绰时，更觉得自己的寒酸和低人一等。"其实，仔细分析贫困大学生出现的种种消极心理表现，最终根源应归于他们极端的自卑心理。

自卑和成就动机导致贫困大学生产生其他人格特征。可以说，以自卑为根源导致了贫困大学生的内向孤僻、敏感多疑、恃强性低、敢为性低和焦虑紧张等人格特征和相应的消极心理表现。而贫困大学生的自卑其实就是一种因不能正确认识经济贫困及其所带来的心理压力和现实处境而过多否定自我所产生的自惭形秽的情绪体验。因此，对贫困大学生的心理健康教育首先要从认知层面引导他们正确认识自己贫困的处境，积极接纳贫困中的自我。首先，正确认识贫困。可以通过咨询、讲座、树立榜样等多种途径让学生认识到，我国许多家庭的贫困主要是由历史原因和自然条件造成的，而并非某一家庭的责任，更非尚未成为劳动者的学生本人之过错，要教育学生意识到贫困并不可怕，可怕的是因为贫困而丧失追求理想和实现抱负的信心。其次，保持应有的尊严。贫困生从来都不缺乏尊严，正是对之义无反顾地信守，使他们的自尊更容易受到伤害。在贫困生心中，似乎总存在一个永远解不开的自尊和自卑交错的心结，而正是这个相互交错的心结使得贫困生的心理更为错综复杂。他们实际上是以一种所谓的自尊来掩饰真正的自卑，正因如此，他们才会因过度自尊而在人际交往中孤僻自封，才会在师生相处中敏感多疑，才会在学习生活中焦虑紧张。对于许多贫困生来说，他们仍然缺乏一种真正意义上的发自内心的自尊。最后，自我悦纳。许多贫困生不能正确认识自己的价值，不能坦然对待自己的处境，认为自己处处不如人。因此，应积极引导教育学生学会接受现实，悦纳自我，充分肯定自己所具有的独立性强、自律性高、恒久性强等良好品质。高校不是交易市场，金钱并不构成高校评价体系任何参数。在高校中具有心理优势的不应只是那些家庭富裕的学生，而应是那些通过自身努力，获得学业成就以及品德优良的学生。

2. 能力发展：促进贫困大学生学习生活各种实践能力的发展

有了正确的认知，还必须促进贫困大学生各种能力的发展。能力的发展有利于大学生们在生活学习交往实践中进一步确证自己的认知观念，而认知观念的确证更有利于贫困大学生在现实生活中自尊自爱、自立自强、自信自励，从而形成一种良性循环，共同作用于贫困大学生的健康成长。

目前，一种全新的救助尝试——福特基金会"提高高校贫困生能力"项目（PHE）开始试图解决这一问题。2002年，福特基金与我国一批高校合作，研究如何"提高高校贫困生能力"。把以前对贫困生的单纯经济资助转化为能力培养，以"造血"方式来提高贫困生的生存发展能力、人际交往能力、创新能力、竞争能力，使"授之以鱼"的接济式帮助转变为"授之以渔"的开发式帮助。那么，对于大学生心理健康教育而言，在积极引导贫困大学生树立正确认知观念的基础上，必须要着力于引导培养贫困生自我调适、抗挫折、交往、生存发展、积极思考等各种能力的发展。正如哈佛大学著名心理学教授威廉·詹姆斯所言：世界由两类人组成，一类是意志坚强的人，另一类是心志薄弱之人。后者面临困难挫折时总是逃避、畏缩不前。面对批评，他们极易受到伤害，从而灰心丧气，等待他们的也只有痛苦和失败；但意志坚强的人不会这样，他们内心都有一种与生俱来的坚强特质。他们在面对一切困难时，仍有一种内在勇气经受外来考验，更重要的是，他们会积极地思考问题。

二、网络环境下的大学生心理健康教育

进入21世纪，互联网技术突飞猛进，网络技术已经广泛应用于各个领域，网络给我们带来前所来有的便利，例如网上购物、阅读新闻、网上办公、视频聊天等，网络已经成为我们日常生活中的重要组成部分。但是，任何事物都有两面性，网络技术也不例外，网络中充斥着好坏和善恶，其中的不良信息在不知不觉中影响着网民。高校大学生是网民中的重要群体，由于大学生社会经验和生活经历欠缺，很难辨别网络中的不良信息，而这一阶段也是他们心理发育走向成熟的阶段，所以加强网络环境下大学生心理健康教育尤为重要，目前高校已经充分认识到网络环境对大学生心理健康的影响，如何引导大学生正确利用网络，如何辨识不良信息已经成为大学生心理教育的重要研究课题，在这样的形势下，更需要探索出一套完整的网络环境下大学生心理健康教育体系，提高大学生心理健康素质。

（一）网络环境下大学生心理健康现状

网络是大学生进行学习、科研、娱乐和社交的重要手段，大学生通过网络了解外部世

界，大学阶段正是大学生世界观、人生观和价值观形成的重要阶段，大学生的心理容易受到网络中各种复杂信息的影响，通过实际调查，大学生的心理状况主要表现在如下几个方面。

1. 盲目好奇

大学生处在心理素质形成的重要阶段，而他们有强烈希望了解外面世界的愿望，但是由于他们缺乏经验和阅历，所以他们很容易受到周围环境的影响。随着网络技术的发展，网络包含的信息量越来越大，现在已经成为大学生了解外部世界的重要方式。他们怀着强烈的好奇心在复杂的网络环境中获取新的信息，而这些信息中充斥着大量的不良内容，由于大学生还不具备辨别复杂信息的能力，所以在接受新鲜事物过程中极易受到不良信息的影响，例如网络诈骗、淫秽信息等不良内容。

2. 感情空虚

当今社会生活节奏越来越快，人与人之间的交流和沟通越来越少，大学生从父母身边来到一个陌生的环境，许多人因为过分依赖父母，人际交往能力差而导致内心空虚无助。网络作为一个虚拟的世界，是他们释放自我寻找情感慰藉的平台，现实生活中得不到的情感在网络世界中得到满足。久而久之，许多大学生沉迷于网络而不能自拔。

3. 自卑心理

每个大学生的家庭条件不尽相同，许多来自贫困家庭的大学生在学习和生活中会产生自卑心理，不愿和他人交流，压抑自己的感情，喜欢一个人独处。网络对他们来说是一个陌生的世界，在这里没有嘲笑和自卑，他们可以肆意地放纵自己，从而获得心灵的解脱。

4. 险心理

近些年网络游戏发展迅速，由于监管不力导致一些充满暴力、赌博和色情内容游戏得以发展，许多大学生在虚拟世界中寻求刺激，从而沉迷于这些不良游戏中，严重影响大学生的学习和生活。

5. 浮躁心理

现在社会普遍存在浮躁的现象，许多人想一夜暴富或一夜成名，许多大学生受到这些消极信息的影响，只想更容易更快地赚到钱去享受生活，但是现实生活中从来没有不劳而获，每个成功人士的背后都有一段令人敬佩的努力过程。

（二）加强大学生网络心理素质的培养

大学生沉溺网络是心理原因所致，对大学生在网络中所产生的心理负面效应应当采用指导疏通的方法，加强对大学生心理上的指导。

1. 加强网络认知教育

许多大学生最初上网缘于好奇和发展自我的良好愿望，但由于没能对网络有一个全面的认识，不能有效识别网络良莠不齐的海量信息，加之一些大学生意志力薄弱、自我约束力较差，不知不觉中陷入网络世界。因此，首先要在认知层面引导他们正确认识网络的本质，恰当地利用网络资源，正确地辨别网络信息并自觉抵制各种不良信息的侵蚀，加强自我约束能力，遵守网络规范，做遵纪守法的文明网民，从而有效加强其认知能力。

2. 培养网络自我教育的能力

在网络时代，现代教育已经不是过去那种无选择或很少选择的消极灌输，而是以积极摄取、自主选择为特征的主动接受。互联网信息成分庞杂，色情、暴力、虚假信息充斥其间，而网络信息传播的开放性、自由性、多元性更需要大学生有较高的鉴别能力和自控能力，面对教育模式的改变和纷繁复杂的信息，大学生的自我教育能力有待提高。一方面我们要相信现代大学生的思想觉悟和自我选择、自我判断及自我约束能力；另一方面，自我教育不是自由教育，教育工作者应积极介入网络，在学生自我教育中发挥积极的引导作用。值得注意的是，有关调查显示，大学生年级的高低与上网率成反比例关系，即一、二年级大学生上网比例最高，而毕业阶段的大学生则比例非常低，这说明低年级的大部分学生由于刚接触网络，对网络世界正处于新鲜、好奇和狂热期，加之不成熟的心理及离家在外的孤独感，他们时常与网络为伴；而高年级的学生由于网络新鲜感的消失，心理日趋成熟及学业求职的压力等原因，对网络失去了类似低年级学生的狂热。因此，大学生网络自我教育的开展应把握住一、二年级的关键时期，防患于未然。

3. 重视网络时代大学生闲暇生活教育

如果把人的生活放在时间维度予以考察，大致可分为三部分：生理时间、学习工作时间和闲暇时间。闲暇时间是个人身心放松，陶冶情操、开阔视野、丰富生活，按自己意愿支配的自由时间。闲暇生活是每个人生活中的重要组成部分，也是促进个人身心健康、提高生活质量必不可缺的重要因素。许多相关调查研究表明，当代大学生的闲暇生活已主要被网络空间占据。如一项来自湖南五所高校的统计调查显示：大学生上网主要是利用课余闲暇时间，其比例为51.47%，而利用自习和上课时间上网的比例很少，分别为3.43%和2.61%；在上网的动机和内容方面，综合性和娱乐性网站深受学生欢迎，分别占上网类型总数的58.7%和16.7%，而教育网站只占8.9%，其他的占2.9%。学生上网的主要目的是聊天、游戏和收发邮件，下载软件和学习知识的只占很少的比例，这说明在大学生网民中，大部分并不是因为学习的需要而接触网络，网络是当代大学生课余闲暇时间内的一种主要娱乐休闲方式。大学生沉溺网络，一方面基于网络本身的诱惑与吸引，另一方面也与其闲暇时间没有充实而丰富的安排相关。一些大学生网络行为失控的根本原因在于其个人发展空间的狭小和桎梏，如果大学生不能在学业中自我肯定，就必然倾向于从体育、文艺、社会活动、业余文化等闲暇活动中寻求充实和愉快，否则他们就会沉醉于虚拟空间的成功、自信、尊重、满足而不能自拔。积极的闲暇生活给大学生带来的不仅是当时的感官享受和精神享受，而且能在劳逸结合、张弛有度、身心愉悦中为他们未来的发展打下坚实的基础。而消极无序的闲暇生活则影响个人身心健康发展，导致个人消沉、堕落甚至犯罪。随着大学生自主性的增强、自由空间的增多，网络时代大学生闲暇生活教育是促进大学生健康成长不容忽视的重要环节。

三、大学生生命教育探究

（一）对大学生生命教育的思考

20世纪中叶，生命教育开始在世界范围内流传并日益彰显出其重要的作用。随着科技生产力的高速发展，人类社会不断前进，我们的物质和精神生活水平都有了显著提高。但是，与之而来的却是，人类也遭到了各种挑战，环境问题日益凸显、自然灾害频发、资源短缺迫在眉睫、人口急剧增多、地球不堪重负等。另外，世界也并不和平，在某些局部地区，战争的阴影从未散去。还有的地方，一直处于贫困线以下，疾病高发，人们忍饥挨饿，再加上社会中高发的腐败现象、自杀现象，这些都直接或间接地威胁着人类的安全。哲学领域确定性的打破，物欲横流的现实世界，也让很多人对未来的世界感到更加无所适从，迷茫感油然而生。于是，生命教育的重要性越来越多地被有识之士提及，以期唤醒人类对生命的正确认识，尊重生命存在的价值和意义。因此，生命教育逐渐成为了社会发展的必然趋势，这也可作是人类在面临生命威胁和销蚀时的一种深刻反思。

20世纪末期，中国台湾开始在学校教育中推广生命教育，并将2001年定为"生命教育年"，其主旨是阐释生命的可贵及生命应有的尊严。我国大学生生命教育研究自21世纪以来才引起人们的重视和肯定。大学生生命教育的提出有其深刻的时代背景：近年来，随着我国科技的进步、经济的发展、社会体制的转型、改革开放的不断深入，大学生在面临着前所未有的发展机遇的同时，也陷入了前所未有的竞争、压力、冲突、困惑、迷茫等生命困境。现代科技的迅猛发展带来了经济繁荣和物质的丰富，但也带来了环境的破坏、资源的枯竭、恐怖主义的泛滥及人们生存危机的加重和生命尊严的销蚀，人们在追求生命存在意义的过程中越来越迷失了生命本身。从社会体制转型来看，大学生们正处于我国社会主义市场经济的转型和建设时期，面对社会价值观念的多元、人们思想观念的转变、入学求职竞争的激烈、传统生活方式的改变，大学生承受的身心压力不断增大，一些大学生既无法适应社会发展的新变化，也无法从以往观念文化中找到行为的方向和准则，而正在全世界泛滥的后现代文化又提出要消解一切事物的本质、规则与意义。因此，一些大学生陷入空前的迷茫、焦虑、压力和困惑，不少大学生彷徨、无助、消沉，感到"活得艰难没意思"。当心智和心理承受力尚未发育成熟的大学生无法忍受和排解这种种压力、焦虑、冲突时，便极有可能采取自杀或杀人的方式来寻求解脱。

(二) 生命在意义中安居

1. 对生命意义的关注源于大学生意义缺失的现实

搜狐网曾进行过一项高校流行语调查,"郁闷"一词以55%的得票率高居榜首。大一学生为"现实中的大学与想象中的象牙塔不一样"而郁闷,大二学生为"敏感的校园人际关系"以及"校园内部贫富差距显露的社会不公"而郁闷,大三和大四学生则开始因为"考研、就业与恋爱带来的一系列问题"而郁闷。

许多大学生的郁闷感受其实是其生活无意义、内心空虚的表现。现代生活的变化、竞争和压力使许多大学生普遍具有一种想要努力把握,却又把握不住自己,把握不住生活的感觉。他们常常陷入一种空虚、无聊、困惑、迷茫、浮躁的情绪状态。心有渴望,又不知渴望什么;感觉很忙,又不知忙些什么;内心空虚,却又不知道如何去充实,觉得干什么都没有意思,生活没有意义。这实际上就是对生活的否定,发展到极端就会产生对生命的否定。

2. 人类生命的三重维度

生命是一个有机联系的复合体。对于"万物之灵"的人来说,人类生命有物质生命、精神生命和社会生命三重维度。

物质生命:生命首先是一个自然赋予的物质存在,即自然的生理性的肉体生命。虽然物质生命的存在是人与动物所共有的,但物质生命仍然是人类得以存在发展的首要物质前提和基础,脱离了物质生命,人类就失去了生命得以存在展现的物质载体,而异化为想象中的"上帝"或"神灵"。当代社会,许多人表现出对物质享受的过度追求与摄取其实也是人之物质生命的极端表现。

社会生命:人总是处于一定的社会关系中,并承担一定的社会角色和责任。"人的本质并不是单个人所固有的抽象物,在其现实性上他是一切社会关系的总和。"人的社会生命意味着人有对社会权势的渴望、对社会地位的关注、对社会关系的重视、对社会期望的回应,也意味着人所必然承担的社会责任、社会义务、社会道德、社会规范、社会良心。社会生命对人的物质生命和精神生命具有某种决定和制约作用,它决定着人们生物本能的冲动和释放,制约着人们精神生命的自由和有序。

精神生命:人"是有意识的存在物",具有精神生命。"有意识的生命活动把人同动物的生命活动直接区别开来。"精神生命的存在使人超越了动物的本能,而获得人性的自由和尊严。对个体的精神表现,罗素有过这样的解释:"精神——常识可以这样讲——是由做出或遇到各种不同事情的人们身上表现出来的。从认识或知觉方面讲,他们有知觉、回忆、想象、抽象和推理的活动;从心理情绪方面讲,他们有快乐的感觉和痛苦的感觉,他们还有情意和欲望;从意愿方面讲,他们可按自己的意愿去做一件事情或不做一件事。

所有这些表象都可以划入'精神'的事件范围之内。"可见，人的精神生命是一个相对于物质生命和社会生命而言的，表现于主观意识层面的理性的认知、丰富的情感及坚决的意志追求。正因为人们精神生命的存在，人们才会超越尘世的繁杂而执着于生命意义的思考和追问，才能在精神富足、生命自由的向往追求中感受快乐和满足，才能在精神守望与理想追寻中固守坚韧与恒久。爱尔维修在《论精神》中指出，人的精神世界发展如何，是人的发展水平高低的主要标志，人与人之间之所以存在差别，主要是由于精神发展不等。作为精神生命的存在，人的存在总是为了一个至少在当下是值得存在的理由。而且，人能够超越当下的存在而追求更理想的存在，如对美好未来的憧憬、对个人发展的向往、对人生磨难的抗拒、对生命意义的追寻。人是精神的存在，人性区别于动物性的全部高贵就在于人的生命具有高于生命的意义和目的。如果一个人对欲望过于沉迷，失去了对个人理想的追求和守望，必然感到存在的虚空和精神的萎靡。从个人生存来讲，没有必要的物质条件不行，没有精神层次的理想、追求和信念也不行。只有当一个不断朝向精神生命的存在使人超越了动物的本能而获得人性的自由和尊严时，他才可能获得真正的快乐、幸福与满足。正如爱因斯坦所言："认为自己的生命无意义的人，不是不快乐，而是根本不适合生活。"

3. 生命在意义中安居何以可能

"生命意义是什么？"和"生命的存在对我有什么意义？"是两个十分相似却又有着截然不同意蕴的问题，前者是一个绝对性问题，可以说，生命本身就是意义，活着就是意义；后者则是一个具有价值指向性的相对性问题，生命于人类而言，不仅意味着生存、活着，意味着吃饱喝暖、代际延续，更意味着人对物质生命的超越、意味着社会生命的发展、意味着对精神生命的诉求，意味着自我价值的实现及生命独特个性的彰显。

"人不仅为了面包而活着"，他要讲究活着的意义和价值。对此，很多人存在一个误区，以为只有做出了具体而显赫的物质和精神产品贡献才是生命意义的体现。其实，每个人可以向世界提供的有价值的东西是非常多的，对万物生命的尊重、对亲人朋友的关爱、对生活目标的执着、对艰苦环境的超越；或者一个农民生产出的粮食、一个工人生产出的机件、一个科学家做出的发明、一个教师桃李满天下的幸福、一个学生乐观向上勤俭节约的精神，在本质上都是一样的，都为自己的生命赋予了崇高的意义。弗洛姆认为："人除了通过发挥其力量，通过生产性的生活而赋予生命意义外，生命就没有意义。"生命意义是关于生命的积极思考和追求。笔者认为，对个体而言，生命意义可从两个方面去理解：一是对生命存在的敬畏；二是对生命价值的追求，既包括对社会生命所赋予责任与义务的遵从，也包括精神生命所蕴涵对个体自由与价值实现的重视。

而安居自然是一种生存状态，透射着一种舒适与自在、轻松与安享。对追求精神幸福与心灵自由的人来说，安居并非简单占有一个住处，它更是一种精神层面的栖居与安宁，其本质应是生活的和谐与精神的自由。安居是一种能够感受个体价值存在的幸福体验；安居蕴涵着生命三维的协调相融,指向人与自然、人与社会、人与自身的共在与相融;安居是指属于人性彰显与本质需要的精神自由与心灵惬意的自在存在。人是寻求意义的动物,无法忍受无意义的生活。弗兰克尔指出,人们对生命意义的探寻是生活的基本动力。人生是有意义的,而健康的人便生活在对生命意义的追寻和实现。生命意义对心理健康的积极影响几乎被所有的研究所证明:对生命意义的探索和情绪健康有正相关;对生命意义的认识能够减缓消极生活事件对个体的影响;而缺乏对生命意义的理解与心理问题则有正相关。弗兰克尔坚信,人有寻求意义的需要,无论生活在多么恶劣的环境中,即使在像集中营那样极端悲剧性的环境,人都能为自己的存在寻找出意义。而人一旦具有生存的意义,就能健康地生活。面对现代西方社会普遍出现的存在空虚现象,弗兰克尔深刻指出:当代人已不再像弗洛伊德时代那样面临的是性挫折,或如阿德勒所言的自卑感,当代人面临的是生存挫折,即彻底的无意义、空虚、无目标和漂浮感,为应付这种生活,人们必须为自己的生活发现意义与价值。人在苦难中需要意义以求生存,人在优越的生活环境中同样需要意义以求生存和发展,否则就都有可能被不同程度的心理问题所困扰。而当代大学生中流行的"郁闷"感觉可以说就是对存在空虚感的形象概括。

　　对意义的追寻是人类存在的根本拷问,"人类参与社会生活的最终根源,是对意义和尊严的渴望,而非表面上所看到的游戏带来的利益(布尔迪厄语)。"只有澄清生命的意义问题才能使我们的生存超越罪恶、混乱、虚夸、躁动,才能在繁华纷乱的世界中实现诗意的安居。意义因人而异,对一些人有重要意义并且孜孜以求的事情对另一些人也许毫无价值。对人生意义的不同理解实质是人们价值观念的不同展现。笼统地说,意义可分为一般社会标准的生存意义和自我生活意义,每个人在追寻和确立自己的人生意义时总是以外在社会标准为依据,更以内在价值认可为准绳。如果二者达至相对统一则会使人目标明确、主动积极、内心充实;如果人违背自己内心意愿,被外界驱使去实现所谓人生的意义,那么他一定会从另一个方面否定或回避这一意义,并陷入迷茫、混乱、郁闷、空虚、烦躁和无所适从的低潮状态。因为这不符合人存在的事实,对意义的追求更是精神层面上的主动选择。在社会转型时期,人们生存意义日趋多元化,多元化的意义取向使许多人产生严重的心理失衡,一方面希望坚持自己认可的人生价值导向,另一方面又不自主地被外在标准左右。在这种矛盾挣扎中,如果缺乏一定的自我调控、自我肯定和自我认同能力,自我生活意义将被外在意义所否定,而对自己生活意义的否定必将导致对自己当前生存状态的否定,甚至对自己生命的否定。许多人寻求心理咨询,也许并不是出于某一明显的身心病症,而是出于对人生的绝望,出于自我存在意义的混乱和受挫。这种混乱和受挫必将导致人的存在的虚空。

四、大学生的婚恋心理健康教育

(一) 大学生婚恋教育是时代发展的必然选择

　　大学生恋爱是一个恒久而常新的话题，翻阅大学生心理健康教育的相关专著或研究，有关大学生恋爱教育、性教育的内容不乏其中，但真正涉及婚姻家庭方面的恋爱及性教育依旧很少。长期以来，在许多人的心目中，大学生还是未完全成年的孩子，是正在求学的学生，所谓的婚姻家庭教育似乎离他们还太远。正如一位家长所言：在校大学生谈恋爱，我们才刚刚能够勉强接受，再要对他们谈论婚姻家庭，简直不能想象。然而时代的发展是迅速的，人们的观念也在不断变化。2005年3月29日，中华人民共和国教育部颁布了新的《普通高等学校学生管理规定》，新规定一改原《普通高等学校学生管理规定》中第30条"在校学习期间擅自结婚而未办理退学手续的学生作退学处理"的规定，对在校大学生是否可以结婚的问题没有做任何规定，这标志着对大学生结婚学校不再进行限制。禁婚令的解除体现了高校尊重大学生成人身份的思想，体现了新规定与教育法、高教法、婚姻法等有关法律规定的接轨，是高校管理制度的明智选择。但新规定在带给人们强烈的观念冲击的同时也会给学校的管理带来一些新的问题，如禁婚令的解除是否表示支持在校大学生结婚？禁婚令的解除是否意味着大学生可以怀孕生子？女大学生是否可以休产假？等等。对此，教育部法制办公室主任孙霄兵说："结婚生子是每一名适龄公民的基本权利，大学生也应该有，但这并不意味着我们赞成大学生的这种做法……解除对大学生结婚的限制并不是鼓励学生滥用此种权利，而是对大学生作为一名成年人行使自身权利的理性与能力的尊重与信任。"新的规定会给学校的管理带来一些新的问题，但这些问题都是围绕着对学校功能与职责的认识与定位展开的，本身都不应当成为问题。学校与学生之间的基本关系是教育者与被教育者，因此，学校既不应当有干预学生基本权利的职权，也没有履行教育以外义务的责任。从长远看，随着我国各种社会公共管理职能的逐步健全，学校现有的许多社会功能必然要逐步从学校中分离出去，按照这样的改革思路，很多问题是很容易得到理解和逐步解决的。对于禁婚令解除将带来的一些问题，一些学校也做出了回应，如苏州大学最新颁布的《苏州大学学生管理规定》，已婚女学生因生育需要者，需要由本人填写休学审批表，并提交有关证明，经院（系、所）主管领导审核，主管部门批准，可办理休学手续。休产假的学生在办理休学手续及时离校后，学校将继续保留其学籍，但休学期间，学生不再享受在校学习学生的待遇。休学期满后，于学期开学后两周内向学校提出复学申请，经复查合格，方可复学，编入原专业相应班级学习；逾期不办的，按自动退学处理。

　　虽然调查显示，绝大多数大学生表示不会在大学期间结婚，他们看重的只不过是能否拥有结婚的权利。而且，结婚对当事人、对生活所需的具体环境都有一定的必要要求，但这并不表明对大学生不产生任何影响，大学生婚恋教育不可回避。禁婚令的解除会在潜移默化中固化大学生对于性亲密活动的应当与正当的观念，有可能使大学生的同居行为、婚前性行为以及恋爱等性活动显著增多。虽然说教育行政部门把婚姻主动权赋予了大学生，但学生在校期间因对于恋爱、婚姻、家庭观念的模糊，因恋爱性行为增多而导致的学生心理冲突、焦虑抑郁、偏激行为等心理健康问题的突出与尖锐却很难与学校脱离干系，需要高校予以及时性前瞻性的关注、重视与引导。许多资料表明，在大学生前去进行咨询的内容中，有关恋爱及性问题的内容占了1/3。而且，长期以来大学生恋爱教育的事实表明，单纯地从理论上对大学生进行孤零零的有关"友谊与爱情、树立正确的恋爱观、恋爱与学习、恋爱与性"等知识的介绍，其教育成效并不理想，如果能从婚姻家庭所内合的责任、义务与道德出发，联系社会上婚姻家庭实际来阐释爱情的实质、性爱的影响、大学生恋爱时责任与义务、婚姻对要合法又要合理的诉求等问题，将更有助于大学生的深刻理解及现实作为。

（二）大学生婚恋教育的内容选择

1. 对爱情本质及社会特性的认识

爱情作为人类特有的一种美好情感，是男女双方彼此倾慕，并渴望对方成为自己终身伴侣的强烈感情，具有高尚性、互爱性、排他性、强烈性等显著特征。根据美国耶鲁大学斯腾柏格教授提出的爱情成分理论，人类的爱情虽然复杂但基本上由三种成分组成，即动机成分、情绪成分、认知成分。动机成分表明爱情有其生理的基础，性生理和心理的成熟是产生爱情的基础；情绪成分表明爱情使人有强烈的情绪体验，即它是一种相互依恋的强烈体验；而认知成分则表明了爱情有其理性和社会性的一面，它更强调一种面对社会的承担和责任。正如保加利亚哲学家瓦西列夫在《情爱论》中所言："爱情既是出于本能，又受到思想的鼓舞，既有生物性又有社会性。绝对非理性的、丧失理智的爱情会使人失去人性。无意识的爱情事实上不再称其为爱情。"人的本质在其现实性上是一定社会关系的总和，社会性是人类爱情心理的本质属性。可以说，爱情的萌发、体验和释放都存在于一定的社会关系中，如人的性欲的满足就是在一定的社会制度下，在一定的伦理道德的约束下，通过婚姻的形式来实现的。爱情的社会性本质决定了爱情必然具有道德性、责任性的深层内涵，这也是爱情得以巩固和持久的决定因素。正如苏霍姆林斯基所认为的，爱情绝不是一种代代相传的天生感情，也不仅是个人的欢愉，爱情必须用高尚的情操精心地加以孕育和培养，爱情是相爱的人之间的一种道德义务和责任，爱情的幸福寓于对人的高度责任感之中。对大学生来说，健康的心态应是既有追求爱情的勇气，又有承担爱情责任的准备。教育者的任务是要善于将人的这种自然属性变为道德高尚的爱情，而不是随意讽刺、指责或消极防范禁止。

2. 对性与爱关系的认识

对大学生来说，性与爱的关系问题是一个羞涩、敏感但又不容回避的话题。随着社会的发展，大学生的性观念已经发生很大的变化，多数大学生对婚前性行为现象表示理解，大学生婚前性行为和大学生恋人同居现象开始成为社会关注的焦点。2003年，首都师范大学性健康教育中心对中国近30所大学一万名在校大学生性行为观念的调查表明，赞成婚前性行为的男大学生为57%，女大学生为26.7%。尽管如此，由于受传统文化的影响，绝大部分学生对性依然是羞涩而谈性色变的，但外来文化的影响、传播媒介的暧昧、现实环境的诱惑、生理反应的冲动又使一些大学生对恋爱中的性充满向往并赋予种种合理性解释，理想标准与现实标准的脱节给处在恋爱中的男女大学生带来了强烈的心理冲突和痛苦，需要我们给予及时的引导。由于现代社会生活的复杂性，大学生婚前性行为及同居的原因也是多方面的，对此我们不能简单武断地一概以道德观念的淡漠甚至败坏来予以斥责。但理解不等于赞同，正当不等于应当，鉴于高等教育的使命诉求，虽然在心理健康教育过程中应充分尊重大学生的自主选择，不应做过分介入，但在一定领域教育理应展现其价值引导性的使命诉求。

3. 对婚姻家庭的理解

尽管调查显示，由于求学的重任、经济的缺失、父母的反对、求职的艰难等多种原因，多数大学生并不准备在求学期间踏上婚姻的殿堂，而是要先立业后成家，反映了当代大学生的理性与成熟。根据北京性健康研究会新近完成的全国大学生性健康状况调查显示，60%~63%的男女大学生认为"爱情是一种感情，不一定以婚姻为归宿"；浙江大学两位研究生所做的调查也显示，85%的学生认为，已经发生性关系的男女不一定非要结婚。这些数据也从一定角度反映了当代大学生对爱情与婚姻家庭观念的迷茫。

首先，明确婚姻家庭对个人及社会的重要价值。可以说，大多数大学生对婚姻家庭的认识主要来自影视传媒和对家庭生活的感性认识，当婚外情、一夜情、离异等字眼越来越频繁地进入大学生们的视野，大学生们对婚姻家庭也产生越来越多的怀疑，"婚姻是爱情的坟墓""家庭是不幸的根源"成为许多大学生们的认识，而婚姻家庭对个人幸福与发展，对社会和谐与进步的重要价值表示否定和不解。

其次，培养大学生对婚姻家庭的责任感。婚姻具有强烈的社会性，它虽是恋爱的延续，但更多地意味着承诺与责任。对婚姻家庭的责任包括很多方面，其中在性关系上的相互忠诚是重要的责任和义务之一，而且也是影响婚姻幸福、家庭美满的重要因素。对于大学生在性问题方面的开放及性与婚姻分离观念的现象应明确加以引导。文明社会里的性关系首先是以婚姻为目的的，婚姻是生活，家庭是责任。人之所以需要婚姻，还要建立家庭，除了人本能的需要还承担着社会的责任，所以婚姻是严肃的，要以严肃的态度对待之。

最后，大学生可以结婚但不适宜结婚。如前所述，多数在校大学生重视的是婚姻的权利而非追求结婚的事实，但也存在部分有结婚意向的同学。根据河北师范大学生命科学学院崔庚寅等人的调查，婚姻解禁前有7.11%的大学生有结婚意向，婚姻解禁后显著上升到11.32%，并且得出结论认为，如果在校大学生结婚所有的必要条件都具备的话，其意向结婚的比例肯定要比目前显著增高。虽然比例不大，但对大学生群体的心理影响不可忽视。对此我们应该明确自己的态度，给迷茫冲突中的大学生以参考和权衡，即大学生可以结婚但不适宜结婚，一方面，大学生自身的心理准备、经济能力、现实环境不具备；另一方面，大学生结婚会影响高校相对单纯、宁静的学习氛围。正如蔡元培所说："大学者，研究高深学问之地也。诸君须抱定宗旨，为求学而来。"这就一语道破了高校与社会的不同之处，正在于"求学"而不是"求偶"。教育中的任何封锁和放任都有可能会带来日后的叛逆和无序。

五、大学生职业生涯规划心理健康教育

大学生职业生涯规划指导是伴随我国高校就业体制改革而开展的教育新内容。由于职业生涯规划理论传入我国较晚，在大学生职业生涯规划实践中存在诸多现实困难与心理误区，开展大学生职业生涯规划指导是我国大学生心理健康教育走向生活的教育内容新发展。

（一）开展大学生职业生涯规划指导的必要性分析

大学生职业生涯规划指导起源于20世纪初西方国家的职业指导运动。而纵观学校心理健康教育的发展历程，20世纪初西方国家的职业指导运动也恰是学校心理健康教育的萌芽与源起，帕森斯在被称为"职业指导之父"的同时，亦被誉为"心理辅导之父"。大学生职业生涯规划与指导是当今西方国家学校心理健康教育的重要内容，也将逐渐成为我国大学生心理健康教育的重要方面。

1. 大学生职业生涯规划现状诉求

由于职业生涯规划理论传入我国较晚，对大学生职业生涯规划的推进与研究还缺乏有力的理论及实践经验的指导与支持，当前大学生职业生涯规划开展存在许多问题。

首先，大学生的职业规划意识淡薄，求职缺乏理性的职业规划。许多大学生并不了解职业生涯规划对于其整个学习乃至以后职业生涯的重要意义，而仅仅当作一门无关紧要的课程去应付，把获得学分、成绩作为唯一的目标。尤其对于开设职业生涯规划的大一新生来说，刚进高校，对大学校园生活往往充满了浪漫的幻想和期待，觉得毕业、就业是一件非常遥远的事情，缺乏未雨绸缪的意识。

其次，大学生在职业生涯规划中存在诸多心理误区。一方面表现为大学毕业生在择业

过程中的过度焦虑、自负、自卑、依赖、怯懦、攀比、冷漠等不良心理状态；另一方面表现为当前大学生对职业生涯规划的正确认识不足、自觉意识不强等心理误区，主要表现为对职业生涯理解不足、职业自我意识认识不够，职业方向与需求模糊、职业期望过高、职业规划制定得急功近利等方面。

再次，大学生对职业生涯规划与指导存在很强的渴望。根据笔者对河南部分高校大学生的调查，大学生对职业生涯规划存在很强的渴望，但同时对它也感到陌生；职业生涯方面的知识来源途径少，无专门的职业生涯规划咨询机构。如有69.51%的同学表示对职业规划方面的知识很感兴趣，仅有6.73%的人回答不感兴趣；而在回答"你对职业生涯规划这一概念的熟悉程度"时，认为很熟悉的仅占18.27%，有24.04%的同学表示很陌生；同时有20%的同学认为职业生涯规划就是就业指导。从调查看，大学生对职业生涯规划方面的知识和服务的需求，对学校教学和管理部门提出了较高的要求，而这种需求与高校目前的有限供给或低层次供给形成了矛盾。

最后，当前大学生职业生涯规划指导工作有待加强。当前我国大学生职业生涯规划指导主要表现为学校就业指导中心的工作，而目前我国高校的就业指导工作主要是负责毕业生落实工作单位，包括为毕业生收集需求信息、联系用人单位、组织校园招聘、推荐学生就业、进行就业管理，工作对象主要为毕业班学生，这与职业生涯规划的本质与主旨有很大差距。

2. 职业生涯规划有利于大学生身心健康和最优发展

大学阶段是迈向成人的关键时期，在这一时期，大学生们面临着许多关乎未来发展的重大抉择，如学业、交友、择业、就业、婚姻、人生价值等一系列问题，对这些问题的选择与态度是影响大学生身心健康的重要因素。从大学生的年龄与心理发展特征看，他们正处于心理变化最为剧烈的时期，是从幼稚走向成熟的时期。在这一时期，大学生们往往情绪多变、敏感脆弱、渴求发展又易脱离现实，在面临一些问题时由于缺乏经验及相应的处理能力而易表现出困惑、焦虑、急躁、愤怒等不良情绪，从而引发许多心理矛盾，其中一些大学生的心理问题恰恰就缘于自我定位不准、决策能力不够、奋斗目标模糊、生活感受空虚、职业选择冲突、未来发展迷茫等发展规划不足等问题，而良好的职业生涯规划有利于帮助大学生们克服这些心理弱点。根据美国学者舒伯的职业生涯发展理论，大学生正处于生涯探索期和生涯建立期的关键阶段。在这一时期，大学生主要通过学校生活、社会实践开始对自我能力和角色、各种可能的职业选择及个人能力与职业的匹配等方面进行不断地探索与尝试。职业生涯规划的目的绝不只是协助大学生按照自己的资历条件找一份合适的工作，提高高校就业率和社会满意度，更重要的是通过生涯探索帮助大学生真正了解自己，了解职业，增长生涯认知，认清发展方向，明确发展目标，制订行动计划，更好地规划学习、生活与未来，有利于大学生在思维模式、情感方式、主体意识、规划能力、发展观念、职业生涯意识等方面从传统的文化心理素质向现代社会的文化心理素质转变，促进大学生身心健康发展。

职业是自我的延伸，是一个人寻求自我发展与自我实现的现实途径。大学生的职业生涯规划与否，不仅影响个体的心理健康，也关系个体一生的未来发展。研究表明，一个人所从事的工作与其职业兴趣相吻合，能发挥其全部才能的80%～90%，并能长时间保持高效率的工作而不疲劳；反之就只能发挥全部才能的20%～30%，还容易感到厌倦和疲劳。大学生正处在个人职业生涯的探索阶段，在此阶段，大学生通过对自己的兴趣、爱好、能力、特点及客观环境的综合分析与权衡，通过对各种职业角色的了解和尝试，有利于大学生充分认识自己，实现合理的职业匹配，积极发挥自身优势；有利于大学生树立务实可行的职业发展目标与职业理想，合理利用学习时间和学习资源，不断地进行自我增值、自我提高。同时，通过合理的职业规划，个人与职业的契合度越高，大学生未来的职业生涯就越有可能获得广阔的前景，从而实现个体的全面最优发展。

3. 心理特征与个体职业的双向选择

美国职业指导专家、心理学教授约翰·霍兰德曾经提出职业个性理论，认为不同的个体根据个性特征的不同，有各自最合适的职业，并提出了现实型、研究型、艺术型、社交型、创新型和传统型六种职业个性的类型。在大学生个性心理的发展过程中，个体的兴趣、能力、气质、性格、价值观等个性心理特征都在很大程度上影响大学生职业方向和类型的选择与匹配。兴趣是大学生进行职业生涯选择的依据，不同的兴趣适合不同的职业类型，从事适合兴趣的职业又能有效提高大学生的工作效率，它是大学生职业生涯发展过程的精神动力，推动大学生锲而不舍地追求某一职业目标，并保持职业生涯规划过程中的稳定性和连贯性。能力是个体能够胜任某项工作的主观条件，是职业规划的重要依据。我国近代职业教育的倡导者黄炎培先生用通俗的语言概述了职业与能力适合的重要关系："一个人职业和才能相不相当，相差很大，用经济眼光看起来，要是相当，不晓得有多少快乐，不相当，不晓得有多少怨苦。"而不同的气质类型也显著地影响着大学生的职业类型。一般来说，胆汁质的大学生适合从事开拓性的职业，多血质的大学生更喜欢灵活性较大的工作，而黏液质的大学生适合从事稳定、细致、持久性的工作，抑郁质则适合精细、敏锐的工作类型。

价值观是一种内心尺度，它在人们的职业生涯发展中起着极其重要甚至是决定性的作用。由于个人的身心条件、兴趣爱好、教育背景、社会阅历等方面的不同，人们在职业选择中目标和要求也是不同的。在职业定向与选择过程中，对自己职业价值观有深入了解的大学生更能为自己选择理想的职业导向，并能从职业生涯中获得内心的愉悦与充实。

（二）大学生职业生涯规划指导的内容选择

大学生职业生涯规划指导是以大学生职业心理发展特点为依据，以大学生职业生涯规划内容为基础，以大学生职业能力开发、自我潜能展现及职业生涯发展为着眼点的教育活动。从心理健康教育的视角来衡量大学生职业生涯规划指导的内容，可做以下思考。

1. 依据大学生心理发展特点开展职业生涯规划指导

发展心理学认为，个体的任何一个发展阶段都受其年龄、心理的影响。人在不同的职业发展阶段中，对职业的需要以及追求发展的方向和采取的行为方式也存在着较大的差异。美国的职业生涯发展理论家金斯伯格将个体的职业心理发展划分为幻想期、尝试期和现实期三个阶段，揭示了个体早期职业心理的发展对其未来职业选择的影响。而美国职业心理学家舒伯则提出了终身职业生涯发展理论，把人的职业生涯发展划分为成长、探索、建立、维护和衰退五个阶段，每个阶段有不同的任务及特征。大学生正处于职业生涯发展的探索阶段，他们兴趣广泛、思维活跃、勇于尝试、渴求发展，对未来充满期望，但同时又容易出现自我评价不足、社会认识不够、情绪变化较快、面对挫折承受能力不强等现象。同时，在不同的年级发展阶段，大学生的思想观念、行为方式、生活内容、职业取向、价值目标也会发生相应变化。因此，在大学生职业生涯规划指导中要充分考虑他们的心理发展特点及不同年级大学生的学习任务及心理发展的不同，增强大学生职业生涯规划意识，在不同年级都要开展侧重点不同的职业生涯规划指导工作，而不能只是在毕业学年才去做。

2. 积极开展职业心理咨询，缓解大学生职业心理困惑

在大学这一职业生涯发展的探索阶段，由于大学生对职业生涯规划了解不足，职业生涯规划能力尚待提高，再加上大学生特定的心理特点及种种的不确定性，大学生在职业生涯规划以及求职就业过程中会产生种种心理困惑和误区，这就要求我们在进行全面职业生涯规划教育的过程中，积极开展大学生职业心理咨询工作，运用专业心理咨询的方法和手段帮助大学生缓解和消除在职业探索过程中的心理困惑与问题，帮助其职业心理的成长及职业规划能力的提高，协助大学生职业生涯规划顺利开展。职业心理咨询可以采用个别咨询和团体咨询两种模式。个别咨询主要针对来访大学生个体职业生涯探索过程中产生的困惑与问题进行直接的心理帮助；团体咨询主要以分组的形式，针对生涯探索过程中某一类问题进行指导与帮助，采取团体咨询辅导模式还可使大学生在专业设计的职业生涯规划团体活动中获得良好的实践锻炼和经验感受。

3. 科学开展职业心理测评工作，做好大学生职业定位辅导

职业定位就是要为职业目标与自己的潜能以及主客观条件谋求最佳匹配。良好的职业定位是以对自己的需要、兴趣、能力、气质、性格、价值观等个性心理特征准确把握为依据的，在职业定位过程中谋求个体专业、特长、能力等与职业的良好结合是大学生做职业生涯规划所必需的。而对自我心理特征的充分了解必须借助于科学的职业心理测评，通过科学的职业心理测评使大学生对自己有一个全面准确的认识，有一个实事求是、恰如其分的评价，从而帮助他们对自己的职业潜能倾向和职业适宜性有一个清晰的了解。在大学生职业生涯规划指导工作中，职业心理测评不是目的而是过程，是为了帮助大学生更好地自我探索与澄清，了解自己的职业兴趣、技能、价值观和人格特点，以便更好地进行个人职业生涯规划与设计。在对大学生开展职业心理测评工作时，要注意使用科学、合理、有效的测量工具与方式，以提高职业心理测评的科学性。

4. 以教育发展性为指导，开展持续动态的职业心理辅导

美国著名职业研究专家金斯伯格在他的职业发展理论中指出，职业选择是一个动态过程，不是一次性完成的"选择"，它往往随着人们身心发展的历程而不断发展完善。在职业选择与定向的整个发展过程中，可以分为几个连续的阶段，每一阶段都有特定的发展任务，如果前一阶段的任务没有很好地完成就会影响后一阶段的职业发展任务。从这个意义上讲，大学生职业生涯指导所涉及对象的外延就不仅是毕业生，而是全体大学生；教育内容就不仅限于职业心理困惑的指导，而是以教育的发展性为指导，在尊重个体和年级差异的基础上，开展持续动态的大学生职业心理指导工作。在这个动态的指导过程中，主要包括三个方面：一是大学生求职择业的心理准备，即大学生在就业前对求职择业目标的自我定位，对择业过程中可能出现的各种情况所做的估计与评价，以及为了解决这些问题而建立的思想观念和心理活动。大学生择业的心理准备是一个长期的过程，贯穿于整个大学生活，如大学生竞争意识与能力的培养、良好的择业心态的养成、社会适应能力的提高、职业方向与理想目标的定位等。二是大学生求职择业中心理矛盾的指导与调适。如前所述，由于大学生特定的年龄心理特征、学校相对封闭的环境以及社会改革的深入，大学生们在择业中常常会出现一些矛盾心理及误区，如由于自我认识不足而在择业过程中产生的盲目自卑心理，由于双向选择赋予大学生选择机会的增多而产生的"鱼和熊掌"兼得的欲望心理等。这些矛盾心理与心理困惑是大学生职业心理指导中需要及时调节与指导的重要内容，如果不能及时疏导宣泄，可能发展成为影响大学生整个职业生涯规划的心理障碍。三是社会适应期心理指导与调适。主要是针对毕业大学生的心理辅导，即大学生走向社会，在具体的职业岗位上对社会环境适应的心理调适指导。如指导学生形成适应未来工作环境的积极心理倾向，强化学生面对社会现实保持积极乐观的心态并培养良好的职业道德意识等。在大学生走向社会的适应期长短因人而异，实践证明，谁能较快地适应社会谁就能较快地获得成才的主动性。良好的社会适应能力是大学生在新的工作环境及社会生活中取得进一步发展的重要基础，也是大学生整个职业生涯规划得以持续发展的必经阶段。

第三节 大学生心理健康教育的发展趋势

一、大学生心理健康教育的本土化发展趋势

马克思、恩格斯在《共产党宣言》中指出："人们的观念随着人们的生活条件、社会

关系、社会存在的改变而改变。"这就说明，人们的观念、意识、思想等心理现象与其所处的时代背景、社会文化环境有着密不可分的内在联系。那么，对于以缓解心理紧张、调节心理矛盾、提高人们心理素质、开发人们心理潜能为旨趣的心理咨询与心理健康教育工作就必然具有鲜明的时代特征、文化特色和本土差异。1982年，中国台湾著名心理学家杨国枢发表了一篇重要文章《心理学研究的中国化：层次与方向》，表明中国心理学家从20世纪80年代开始在研究方向上的自觉转向，即从按部就班地全盘"西化"到自觉研究本土的、中国的心理学问题。伴随心理学研究的本土化转向，我国高校心理咨询与心理健康教育的本土化发展也成为人们关注和研究的热点。1992年，江光荣以《中国化心理咨询在我国发展的必由之路》开启了我国高校心理咨询本土化发展的研究之路。2001年12月中旬，清华大学召开了"华人文化与心理辅导国际研讨会"，就我国心理咨询本土化问题展开了讨论与研究，有力推动了我国高校心理咨询与心理健康教育的本土化发展。就我国大学生心理健康教育而言，本土化发展即实现我国大学生心理健康教育理论与实践的中国化发展，其实现途径可以从以下三个方面入手。

（一）碰撞与融合：心理健康教育与思想政治教育相结合的特色化发展

1. 我国大学生心理健康教育的产生缘起于高校思想政治教育的困惑与发展

思想政治教育是我党的优良传统和政治优势，党在长期革命和建设过程中形成了一整套思想政治教育的理论和方法，积累了极为丰富的经验，取得了不少可喜的成绩。随着我国改革开放和社会主义市场经济的不断推进，思想政治教育作为高校学生工作的重要组成部分，面临越来越多的困惑和局限：一方面，对于思想活跃、情感丰富、感觉敏锐的当代大学生来说，面对社会生活中出现的一系列新现象、新问题感到困惑和迷茫，对学习过程中面临的学习压力、经济压力、就业压力感到沉重和矛盾；另一方面，传统思想政治教育在教育观念、教育内容、教育方法、教育手段等方面存在许多不足，难以应对和满足改革开放进程中出现的诸多新情况、新问题及新的需求。面对新时代背景下的诸多矛盾和尴尬，高校的思想政治教育工作者们开始了新的研究和探索，也就在这时，心理咨询悄然进入我国高校思想政治教育工作者的视野和领域。

我国大学生心理健康教育的缘起适逢中国改革开放的历程绝不是偶然的巧合，而有其必然的历史机缘。思想政治教育领域引入心理咨询与心理健康教育这一新内容，既是大学生心理健康问题日益凸显、大学生身心健康成长发展的现实需要，也是思想政治教育在新形势下寻求拓展与丰富的迫切需求。王礼湛在其1989年主编的《思想政治教育学》中把思想政治教育的基本内容概括为系统的基本理论教育、日常性的思想教育、心理品质和思维品质的培养和教育。鲁洁在其《试论德育功能观的转变》（1993）一文中认为，以往的德育往往重视在较高层次的意识面发挥其功能，如使受教育者掌握较为系统的理论，形成较为自觉的思想观念等，而较少注意在其他层次，如形成正确的社会心理倾向、塑造健全的心理素质和性格等方面发挥其应有的作用。该文认为，在心理素质层面，如良好性格的形成、健康心理的发展、社会适应性和其他各种心理障碍的消除等方面，德育也应发挥它的功能。郑永廷在《新形势下高校德育发展研究》（1995）一文中则明确指出："运用心理保健知识，提高心理素质，是新形势下德育的一个重要方面，也是德育应当开发的一个领域。"中共中央在1994年9月颁布的《关于进一步加强和改进学校德育工作若干意见》中第一次正式使用了"心理健康教育"一词，并将心理健康教育纳入德育的视野，把"指导学生在观念、知识、能力、心理素质方面尽快适应新的要求"作为新形势下的"学校德育工作需要研究和解决的新课题"，提出"通过多种方式对不同年龄层次的学生进行心理健康教育和指导，帮助学生提高心理素质，健全人格，增强承受挫折、适应环境的能力。

2. 我国大学生心理健康教育与思想政治教育的密切联系提供了二者结合的内在可能

我国大学生心理健康教育与思想政治教育相结合不是外力所驱，而是有其内在的必然联系。

第一，研究对象具有内在一致性。心理健康教育的研究对象是以心理健康素质为核心的个体心理层面的发展与完善，思想政治教育的研究对象是以思想道德素质为核心的个体思想层面的完善与提高，无论从表层的心理与思想，还是从内核的心理健康素质与思想道德素质，两者都具有密不可分的内在一致性。

基于个体心理健康素质结构的分析。依据国内外研究，影响个体心理健康的内在因素主要可分为两大类：一类为内在的心理因素，另一类为个体内在的生物学因素。内在的心理因素主要包括人格特质、习惯性认知和归因方式、应对和防御风格等。从理论上看，健全的人格是个体良好心理健康素质的重要标志，也是心理健康教育所要达到的目标。因此，对于心理健康素质结构的分析可以聚焦于人格这一变量，即围绕着人格的内涵来探讨心理健康素质的结构。在人格变量下，人们通常区分出人格动力特点、气质、性格以及自我概念四个维度。联系心理健康，在人格动力维度下，可以分出同心理健康密切相关的需要、动机、信念、价值追求和世界观等分维度。而个体需要层次的高低与指向、动机驱动的激发与控制、理想信念的遵从与守望、价值追求的取向与展现、世界观的内涵与变化无不与个体思想道德品质的优劣直接相关，甚至它们本身就是构建个体思想道德品质内容、衡量思想道德水平的组成要件。

基于个体思想道德素质结构的分析。在个体思想道德素质结构中，心理素质是基础，任何人的思想品德的形成都要从一定的直觉、体验、情绪等朦胧而自发的心理活动开始，都要经过知、情、意、行等心理过程的发展与推移，都要受到个体能力、气质、性格及兴趣、信念、价值观等个性心理要素的影响；思想观念是根本，思想观念构成了个体思想道德品质的核心内容，它在一定层面上体现出个体的道德意识和政治观念，决定着个体思想道德品质的性质与方向，世界观的转变是个体的根本转变；道德素质是重点，作为调节个体与社会及他人关系的内在尺度，道德品质是个体思想道德素质的重要内容，大学生道德素质的提高是社会主义市场经济条件下思想政治教育着重实现的重要目标；政治素质是主导，在个体思想道德素质结构中处于最高层次，对其他思想道德素质的形成具有主导和支配作用。一方面，个体思想观念、道德品质、政治观念是在一定心理活动基础上产生和形成的；另一方面，思想观念、道德品质、政治观念本身就是个体心理层面的重要内容，是个体心理层面中的高级心理现象，既是个体心理活动的升华，也是联结心理与行为的桥梁。

基于心理与思想的内在联系之分析。从心理与思想的形成看，心理是人脑的机能，是人们通过大脑对客观事物主观能动的反映，而思想也有着相同的本质，是客观存在在人脑中经过思维加工而产生的理性反映，思想的形成过程就是经过实践+认识+再实践+再认识等多次反复，最终实现从感性到理性飞跃的心理过程，二者具有内在一致性。从结构关系看，如前所述，心理是思想产生的基础，个体心理现象既包括意识，也包括无意识；既包括感性认识，也包括理性认识。而思想则属于心理现象中意识层面的理性认识，是构成人们心理现象的高层次组成部分。从作用关系看，思想对心理起导向和决定作用，支配心理活动的方向，而心理是思想的基础，对思想又具有反作用。

第二，教育目标的一致性。对于大学生心理健康教育与思想政治教育而言，虽然在具体目标上有所不同，前者侧重于大学生心理健康素质的培养与提高，后者侧重于大学生思想道德素质的发展与完善，但二者在教育终极目标上是一致的，都是为了大学生综合素质的全面提高，都是为社会培养和塑造全面发展的有用人才。

第三，教育内容的相关性。尽管心理健康教育与思想政治教育有不同的内容侧重，但二者在教育内容上却密切相关。由于心理和思想彼此有着千丝万缕的联系，现实中许多心理问题与思想问题往往交织在一起，许多思想问题的背后有着复杂的心理因素，有些看起来是思想、道德问题，其根源和实质却是心理障碍所致，而心理问题也往往会引起思想和行为问题。正因为如此，某些思想问题可以通过思想政治教育来改变，而一些思想问题也可能通过心理教育来完成。虽然在心理咨询领域不强调政治倾向性，不侧重价值干预，但在咨询与教育实践中却不能抛开对大学生在人生观、价值观方面的澄清与引导。

第四，教育功能相辅相成。一方面，心理健康教育具有德育功能。良好的心理状态有利于思想政治教育内容的传播、内化与践行，而积极乐观的人生态度、团结友爱的人际关系、面对挫折的坚强勇敢等健康心态也正是良好的思想道德品质的外在表现。另一方面，思想政治教育也具有强大的心理调节功能。思想政治教育是我国的优良传统和政治优势，涵盖社会生活的许多领域，具有强大的现实影响力，在某种程度上起到了心理咨询与心理健康教育的心理调节功能。据中国心理分析代表人物钟友彬先生分析，"我国人民有思想改造的经验，人们通过学习革命的理论，听启发报告，联系自己的生活经历，包括幼年的家庭影响，深入体会，从而改变自己旧的阶级意识和旧的观点，建立新的世界观，只要自己主动接受而不是坚决抵制，就会有好的收获。这是行之有效的自我教育方法。这种方法当然也可以用于心理治疗。因为心理治疗实质上也应看作是医生帮助下的自我教育"。在大学生心理健康教育实践领域，对思想政治教育工作者或有思想政治教育学科背景的教育人员从事心理健康教育工作颇有微词和争议，除教育本身的专业素养有待提高外，一个重要原因就是许多人只看到了高校思想政治教育的政治功能与社会价值，而忽视了思想政治教育的教育功能与个体价值。

（二）寻求发展的内在需求提供了大学生心理健康教育与思想政治教育结合的契机和必然

一方面，我国大学生心理健康教育的产生缘起于思想政治教育的困惑与发展，对心理咨询的引入和借鉴有利于新形势下思想政治教育理念的提升、内容的充实、渠道的拓展、方式的丰富及实效的提高。另一方面，从目前我国高校学生工作实际及心理健康教育现状来看，我国大学生心理健康教育若寻求进一步的普及与发展必须借助于思想政治教育的支持、参与和推动。

事实上，在中国高校，心理咨询自诞生之日起，无论从咨询人员的构成，还是从心理咨询部门的挂靠单位来看，都与思想政治教育有着不可分割的密切联系。

第一，在中国大学生心理健康教育队伍中，思想政治教育工作者及相关学科背景的咨询人员占总数的2/3以上。调查表明，从我国开展心理咨询的74所学校来看，453名从业人员中，思想政治教育人员251人，占55.4%；医务人员79人，占17.4%；心理专业人员94人，占20.8%；其他专业人员29人，占6.4%。

第二，从机构的挂靠部门来看，目前多数高校的大学生心理咨询和心理健康教育部门都挂靠在学工部（处）、团委、德育教研室等思想政治教育工作机构内，并从挂靠部门获得必要的经费、设备与场所。

第三，从倡导、筹建、推动高校心理咨询与心理健康教育工作的有关人员来看，大部分是思想政治教育工作者。

第四，从国家政策层面来看，大学生心理健康教育在我国高等教育领域的正式提出、明确、强化均由国家思想政治教育主管部门及其下发的相关文件中得以体现的。

可以说，正是由于我国大学生心理健康教育与思想政治教育的密切联系，正是由于思想政治教育人员的参与、探索与支持，正是由于国家对思想政治教育工作的重视和强化，才使中国高校心理咨询与心理健康教育事业在近20年的时间内获得了长足的进步，从无到有，从小到大，从自发的、民间的组织到国家政策的支持和参与，并且一开始就超越了医学领域成为教育的一部分，逐渐发展成为以促进学生心理健康和人格完善为主导，以发展教育为核心的高校心理健康教育工作体系。

（三）心理健康教育与思想政治教育相结合是我国大学生心理健康教育发展的特色

在我国大学生心理健康教育领域主要活跃着三支队伍，一是以思想政治教育为学科背景的思想政治教育工作者队伍；二是以心理学为学科背景的心理学工作者队伍；三是以医学为学科背景的医务工作者队伍；其他还有以教育学、社会学等学科为背景的教育队伍，但所占比例较小。这三支队伍由于不同的学科背景，对大学生心理健康教育尤其是对心理咨询的本质和理念持有不同的理解，在心理健康教育实践中遵循着不同的教育方法。与前两支队伍相比，思想政治教育工作队伍所倡导的心理健康教育与思想政治教育相结合的教育模式是我国大学生心理健康教育发展的特色所在。一方面，基于思想政治教育的教育模式在进行心理咨询时也要遵循心理咨询的一般原则和方法，如真诚一致、无条件积极关注、共情、保密、尊重与信任、追求良好的咨访关系等，其能够达到产生心理咨询积极效果的共同因素与其他学科背景人员进行心理咨询时是一致的。另一方面，在长期的实践探索中，基于思想政治教育的心理健康教育模式也形成了自己的优势和特色。

二、大学生心理健康教育的综合发展趋势

心理健康教育是一个多层次、多因素，涉及多学科领域的综合性发展的系统教育工程。其综合性发展主要体现在心理健康教育自身内涵的丰富及运行实践的综合性发展趋势。

（一）大学生心理健康教育内涵的综合性发展

大学生心理健康教育内涵的综合性发展主要体现在教育目标的完善、教育内容的丰富及教育功能的拓展等方面。

1. 教育目标的综合完善

大学生心理健康教育是一项有组织、有目的、有计划的教育活动，其教育目标的结合与完善是进行该项工作的首要问题，直接关系到心理健康教育的内容选择、方法取舍、评估指标及教育成效，在整个心理健康教育体系中居于核心地位。

大学生心理健康教育目标构建受多种因素影响和制约，既要符合素质教育总目标的指向与要求，又要体现大学生心理健康教育的特定价值与关怀；既要从学生心理素质结构一般特征出发，符合其心理素质发展的整体要求，还要从学生个体的差异性及现代心理健康标准着眼，体现出心理健康教育的层次性和针对性。因此，大学生心理健康教育目标应是一个既能反映社会、时代的客观要求，又能满足学生个体现实需要及成长发展，具有一定

层次性的综合体系。

从层次性来看，大学生心理健康教育既具有教育发展的总目标，又具有在总目标指引与统合下的具体目标。大学生心理健康教育的总目标既能反映国家和社会的总体要求，又能体现大学生心理健康教育培养目标的具体内容。概括地讲，大学生心理健康教育的总目标即通过心理健康教育，引导大学生树立正确的心理健康意识，预防、缓解和消除多种心理问题，培养良好的心理品质，增强心理调节能力，提高心理健康水平，充分实现心理潜能，促进大学生思想道德素质、科学文化素质和身心健康素质协调发展。而具体目标是总目标的细化与具体展现。大学生心理健康教育的具体目标是多种多样的，如克服人格障碍、解决失眠困难、改变不良习惯、调节人际关系、增强适应能力、走出恋爱误区、实现自我发展等。在教育总目标的指引下，根据教育对象的差异及所要解决问题的性质，大学生心理健康教育具体目标又可分为不同的层次目标：

第一，心理健康教育的初级目标，即防治心理问题，增进心理健康。具体包括两方面内容，一方面帮助大学生缓解、消除在学习、生活及成长中产生的心理困惑和心理矛盾，对少数出现障碍性心理问题的学生做到早发现、早诊断、早干预；另一方面，通过开展心理健康教育活动，提高大学生心理健康水平，使大学生掌握有关预防、识别、调节心理健康问题的基本知识与方法，学会自我心理保健。

第二，心理健康教育的中级目标，即优化心理品质，学会积极适应。积极适应，即学生能够合理应对学习、生活、交往和社会发展中的各种变化，能够表现出与学习、生活、交往活动的变化及社会发展转型要求相一致的心理和行为，从而使大学生能够学会学习、学会交往、学会生活、学会做人，成为适应良好，心理健康的人。

第三，心理健康教育的高级目标，即开发心理潜能，促进自我实现。现代心理学和脑科学的研究表明，人的心理潜能远未能得到良好地开发与利用。作为现代高等教育重要组成部分的高校心理健康教育，其目的不仅在于对心理问题的预防和消解，更在于对大学生心理素质的提升、心理潜能的开发及自我价值的实现的促进。

然而，无论是过去还是当前，在我国大学生心理健康教育领域更多强调的是矫治性目标，即为出现各种障碍性心理问题及学习适应能力差的大学生提供心理援助、支持、矫正与治疗，有些学校甚至以不出事、不死人为其重要标准。这一取向使大学生心理健康教育只注重为少数出现心理问题的大学生提供服务，其目标层次仅限于大学生心理健康教育的初级目标领域，而忽略了绝大多数大学生所需求的优化心理素质、促进自我实现等更高层次的目标追求。低层次目标领域的徘徊使我国大学生心理健康教育发展停留于数量与形式上的繁荣，而很难在教育质量与水平上有所突破的重要原因。随着我国大学生心理健康教育事业的不断发展与成熟，随着人们对大学生心理健康教育本质追求的理解，心理健康教育目标无论在理论还是实践层面都必将突破单一片面的价值取向而实现各层次目标相互联系相互制约，各阶段目标互有侧重相互融合的综合发展取向。

2. 教育内容的丰富多样

大学生心理健康教育内容的确定既是主观的也是客观的，一方面大学生心理健康教育的目标、对象、任务决定了其教育内容的客观性；另一方面，由于人们对心理咨询及大学生心理健康教育认识的主观差异也决定了其内容选择的主观性。因此，大学生心理健康教育内容的划分有多种形式和方法，从横向看，主要包括人生观与心理健康、学习与心理健康、自我意识与心理健康、情绪与心理健康、人际交往与心理健康、恋爱及性心理与心理健康、挫折与心理健康、个性与心理健康、创造力与心理健康、求职择业与心理健康、心理测验与评估、心理咨询与心理治疗等；而纵向划分主要依照心理健康状况的表现程度而概括为三个层次：一是心理疾病咨询内容，即帮助有心理障碍、心理疾病的来询者挖掘病源、指导对策、消除危机、解除忧虑；二是情绪适应咨询内容，即为来询者由于学习、工作、人际关系、个性、情绪等方面的的不适应而出现的烦恼、忧虑、困惑等提供帮助；三是心理发展咨询内容，即帮助来询者增强自我认识能力、社会适应能力和发展能力，提高心理素质，挖掘自身潜力。

可见，大学生心理健康教育内容既包括对心理健康教育基本知识的介绍和普及，也包括对心理调适方法的传授与应用；既包括对心理异常现象的解析与预防，也包括对智力潜能的培养与开发；既包括对大学生学习生活、适应发展诸方面的关注与指导，也包括对多种心理行为问题的缓解、消防与矫治；既包括以障碍性心理问题解除为主要取向的教育内容，也包括以促进大学生心理素质优化、心理潜能开发为主要取向的发展性教育内容。但就目前我国大学生心理健康教育内容展现而言，更多倾向于心理学基础知识理论的介绍与传授、心理测验的引入与应用、心理问题的消解与关注，而对大学生心理品质的培养、良好习惯的养成、自我应对与调节的引导、心理潜能的开发等成长发展性教育内容有所忽略，从而造成教育内容选择取向的偏颇与不足。完善的教育内容是心理健康教育成效得以实现的有效载体，随着人们对大学生心理健康教育内容本质的认识与把握，教育内容取向必将呈现知识传授与品质修养、问题解决与发展促进相互融合并有所侧重地结合完善的发展趋势。

3. 教育功能的拓展

心理健康教育功能是大学生心理健康教育本质的外在集中显露，对心理健康教育功能的认识和体悟有利于全面深刻地把握其本质与内涵。

依据大学生心理健康教育的目标与内容，其功能一般可分为三个层次：初级功能是防治不同程度心理问题的产生与发展；中级功能是增强心理适应，优化心理品质；高级功能是开发心理潜能、促进自我实现。这三级功能的不同体现分别代表了大学生心理健康教育三种不同的教育取向，即问题解决型教育取向、生活适应型教育取向和发展促进型教育取向。这三种教育取向又显示出大学生心理健康教育队伍中不同成员对大学生心理咨询及心理健康教育的不同理解与价值认可。有关大学生心理健康教育功能的认识存在诸多不同的观点，如张大均教授在《大学心理健康教育若干理论的探讨》文章中对高校心理健康教育功能做了具体阐释：一是促进和维护大学生的心理健康；二是开发智力促进能力发展；三是提高德性修养培养良好品德；四是培养主体性形成完善人格；五是养成良好行为习惯提高社会适应能力。那么，无论是一般分层还是具体阐发，对大学生心理健康教育功能的认识都倾向于对"个人性功能"（鲁洁语）的理解与把握，而对大学生心理健康教育的社会性功能有所淡化或轻视。

心理健康教育的对象是人，教育目的是人们心理问题的消除预防、心理品质的优化提升、心理潜能的开发促进、综合素质的发展与完善。因此，心理健康教育把个人性功能放在十分显要的位置。如心理咨询一向强调是为来访者个体服务，对来访者负责、为来访者保密、以来访者利益为重是国内外学者们所遵从的咨询原则之一，而美国心理咨询大师罗杰斯的"来访者中心疗法"更是强调个人性功能的典型。而心理咨询、心理健康教育之所以受到人们的普遍欢迎与重视也与其对个体性功能的关注密切相关。然而，强调心理健康教育的个体性功能并非预示着心理健康教育没有社会性功能或者可以无视其社会性功能，在心理健康教育个体性功能的背后隐藏着其重要的社会性功能。事实上，正是在促进个人心理健康、人格发展、潜能开发的过程中，促进了个人生产（学习）积极性的提高、人际关系的和谐、道德品质的完善、价值观念的提升，从而创造了良好的社会心理氛围，维护了社会的稳定与和谐，并最终促进了社会的文明和进步（马建青语）。心理和谐是社会和谐的心理基础和重要组成部分，那么心理健康教育也是构建社会主义和谐社会，促进我国现代化发展的重要内容和力量。

（二）大学生心理健康教育运行的综合化发展

大学生心理素质的优化和发展是一个涉及学校、家庭、社会等多种因素的系统工程，仅靠高校心理健康教育自身的力量是不够的，心理健康教育的运行和发展将形成科学的综合化取向。

1. 教育体系网络化

随着人们生活质量的提高和教育发展的深入，心理健康教育不仅是一套教育方法，更是一种先进教育观念的展现与张扬。随着这种观念的不断更新和深入人心，心理健康教育将渗透于学校教育工作中教育观、学生观、人才观、服务观和管理观念等方方面面，成为每一位大学生追求身心和谐、健康发展的内在需要，成为学校整体工作的有机组成部分，并与学校各级管理和服务部门一起构成大学生心理健康保护网络，共同促进大学生心理健康发展和高校心理健康教育的有效运行。

根据访谈及相关调查研究，在我国高校心理健康教育实践领域逐渐形成了"校—系—班"三级心理健康教育网络体系：以学校分管思想政治教育工作的校领导为指导，以心理咨询机构为核心的校级心理健康教育网络；以各院系主管学生工作的领导和辅导员组成的系级心理健康教育网络；班级心理健康教育网络由经过选拔和定期培训的学生志愿者组成。在三级心理健康教育网络体系中，校级网络为中心，组织协调校、院、系各级心理健康教育工作的开展与整合；系级网络为重点，积极配合学校心理健康教育工作的开展，并为解决学生诸多现实问题提供及时必要的帮助；以学生为主体的班级教育网络成员，既可归属于大学生心理协会，直接与学校心理咨询机构建立联系，也可以有计划地安排在各个班级和寝室，与系级教育网络直接联系。在与同学朝夕相处的生活中，给予那些心理需要关怀的同学以经常性的支持，注意营造和谐的班级、寝室环境，有意识地调节同学交往关系，把自己和身边同学遇到的心理问题或异常表现及时反映给系级网络或校级咨询机构，从而使教育人员能迅速准确地把握学生的心理动态，及时发现问题，有针对性地开展教育工作。在这个三级网络体系中，校级网络的专业水准和整体规划，以及班、系教育网络中辅导员与学生志愿者的有效培训是三级网络体系实现有效运转的难点与中心。尽管就当前我国大学生心理健康教育实际状况而言，三级网络体系大多还限于理论层面的完善与构想，但作为一种综合化发展的教育理念与趋向，将是我国大学生心理健康教育实现综合化发展的选择与取向。正如江光荣、林孟平在《我国学校心理辅导模式探讨》中所言：学校辅导是学校教育一盘棋中的一部分，不是学校教育的全部。在设计学校辅导模式时应从学校教育的整体出发来考虑，注意与其他部门和员工的联系与合作，避免白白丧失众多辅导资源；应该有意识地探索一种综合性的学校辅导模式，即把学校各种辅导资源充分调动起来，形成一种整体性的辅导氛围或环境，使得学生在这样一种具有辅导精神的环境中成长和发展。

大学生心理健康教育是由学校、家庭、社会多方教育资源及大学生自我教育力量共同构成的综合教育体系。在这个综合化教育体系中，尽管学校心理健康教育是促进大学生心理素质优化完善的主导因素，但家庭与社会在大学生心理健康发展过程中具有不可低估的重要作用。校园是大学生学习和生活的主要场所，但校园不是封闭的，大学生心理健康问题的产生和发展与他们的家庭和社会背景有着密切关系。对于个体成长发展而言，家庭教育不仅是一种启蒙教育更是一种终身教育，家庭可能使大学生坚强、努力、乐观、自信，也可能给他们带来压力、负担、情绪的波动和个性的不足。大学生许多心理问题的形成往往有其家庭方面的原因，甚至可追溯到童年时期的经历，而这些问题的最终解决还必须依靠学生家庭的支持与配合。

从社会影响因素来说，一方面，学生心理问题的产生与社会环境因素的影响直接相关。当前我国正处于改革开放和社会主义市场经济快速发展的转型时期，人们的思想意识、道德观念及生活方式等发生了深刻的变化，大学生普遍面临着学业压力、就业压力、经济压力和社会适应的压力，一些大学生还不同程度地遭遇着价值迷茫、信念模糊、信仰缺失、心理失衡、身心疲惫等不良心境。另一方面，大学生心理压力的缓解与减负必须得到国家与社会的帮助和参与，如就业机会的公平与增加、助学贷款的效应与保障，社会公正的提升与彰显等。同时，大学生心理健康教育工作还要与专业机构建立密切的合作关系。虽然大学生心理健康教育正在向专业化发展，但专业化进程的成熟与完善还有待时日，一些障碍性心理问题并非仅仅通过言谈就能完全康复，而配合一定医疗手段如药物辅助则效果显著，如抑郁症、焦虑症往往需要借助药物予以控制。虽然大学生心理健康教育以发展性教育内容为主体，但对于障碍性咨询和教育内容也不容漠视或忽略。在一定条件下，因障碍性心理问题而导致的恶性事件所产生的负面影响对大学生心理健康教育产生着强烈的冲击。就目前我国大学生心理健康教育整体水平而言，解决此类问题还有一定的难度，需要与一定的专业机构建立长期联系，及时将部分出现严重障碍性心理问题的大学生介绍到专业机构接受专业治疗与帮助。一些大学生出现心理问题根源于身体健康问题所引起的情绪波动与心理压力，需要与医疗部门联系从医治身体疾病、恢复身体健康着手。因此，心理健康教育机构与专业医疗机构的不断合作也是大学生心理健康教育工作的必然发展趋向。

2. 教育参与全员化

教育参与全员化是大学生心理健康教育体系网络化发展的必然要求。在教育部、卫生部、共青团中央《关于进一步加强和改进大学生心理健康教育的意见》中，除了强调"建设一支以专职教师为骨干、专兼结合、专业互补、相对稳定、素质较高的大学生心理健康教育和心理咨询工作队伍"外，还明确指出"高校所有教职员工都负有教育引导大学生健康成长的责任。要根据学生思想动态和心理状况，在教学、管理和服务中，有意识、有针对性地做好教育引导工作"。因此，以主管校领导为支持，以专兼职心理健康教育专业队伍为核心，以各系学生工作者为桥梁，以广大教职员工的积极参与为辅助，以大学生群体为主体的全员化教育参与发展取向也是我国大学生心理健康教育综合化发展的重要方面。

在教育参与全员化的综合发展中，主管校领导的重视和支持非常重要。首先，纲举才能目张，大学生心理健康教育涉及心理咨询机构的建设和完善，教育经费的下拨与到位，专业队伍的培训与健全，各级职能部门的合作与协调，学生心理健康信息的收集与反馈等，必须有一位主管领导全面考虑和专职负责，把相关的任务落到实处，既对学校负责，也对全体学生负责。其次，充分发挥心理健康教育专兼职队伍的专业指导与业务规划职能。以心理咨询为重要工作内容的心理健康教育是一项专业性色彩浓厚的工作领域，没有心理健康教育专业人员的技术支持与指导，难以取得应有成效和实现专业化发展。最后，重视各系辅导员、班主任等学生工作者的教育参与。由于各系辅导员、班主任长期工作在第一线，与大学生有紧密联系，比较熟悉大学生们的生活和心理行为特点，能够及时准确地发现大学生存在的问题，把握其心理发展的动向。同时，他们一般又有着较强的责任心和工作热情，具有与学生交流的工作经验。因此，在一定专业培训的基础上能够很好地发挥承上启下的教育桥梁作用。对此，《关于进一步加强和改进大学生心理健康教育的意见》中也明确，"要重视大学生思想政治教育工作人员，特别是辅导员和班主任在大学生心理健康教育中的重要作用，加强培训，使他们了解和掌握心理健康教育的基本知识和方法，帮助大学生处理好学习成才、择业交友、健康生活等方面遇到的具体问题，提高思想政治教育的针对性和实效性"。此外，广大教职员工的教育辅助作用也不容忽视，对此，不是要求他们在专业技能或专门化心理健康教育工作方面介入，而是强调在日常教学、服务、管理工作中具有心理健康教育的意识和观念，并通过各方面的工作对大学生心理健康和发展产生积极的影响。如前所述，在学科教学中实现心理健康教育的渗透与融合是我国大学生心理健康教育的重要方式之一。再如，校园环境的创建与改善，宿舍管理的规范与灵活，公寓管理人员的态度与方式等与大学生日常生活息息相关，并对大学生日常心理、情绪状态及人格发展有着潜移默化的重要作用。而对大学生来讲，一方面，学生是自己心理素质形成发展的主体，各种教育力量和影响源必须通过大学生自身积极性、能动性的发挥才能内化为学生自身的心理品质，助其自助是高校大学生心理健康教育的重要指向；另一方面，许多大学生也通过互相关心帮助、情绪感染、主动调节、群体影响、及时发现问题并与相关老师联系反馈等多种方式积极参与到心理健康教育工作中，成为大学生心理健康教育的重要力量。

3. 教育阶段全程化

在大学生活的不同阶段，大学生面临着不同的心理问题，存在着不同的心理需要和心理发展任务。大学生的心理健康不存在性别差异，但年级差异显著，大一学生在焦虑、人际敏感、抑郁、敌对、恐惧、偏执等方面的心理健康水平显著低于其他年级学生，大三学生心理健康水平也较差，这反映了大一学生存在适应不良的现象，而大三学生面临恋爱、学习、升学与就业的诸多压力。因此，在大学生心理健康教育运行的整个过程中，需要有针对性地对各年级大学生开展不同内容的心理健康教育，既存在着与大学生活各年级发展相协调的阶段性目标，也存在着与这些目标相对应的阶段性教育内容，这些序列有致的阶段性目标和各有侧重的教育内容内在地要求和体现着大学生心理健康教育全程化发展趋势。

从大学生心理发展来看，不同年级大学生所面临的心理发展问题也具有显著的差异，并呈现出一定的规律性：处在转变期的大一新生，面临的重要发展任务是适应问题，如何适应新的学习、交往和生活环境。因此，对大一学生开展心理健康教育活动的重点是通过入学心理适应教育，使大学新生更好地认识自我、悦纳自我；认识环境、适应环境；了解专业、热爱专业；认识同学、交好他人；处于二、三年级的大学生，其面临的主要发展任务是学习求知、人际交往、恋爱情感、目标定位、人格完善等成长发展性心理问题，此阶段的教育活动侧重于通过心理健康教育使其形成恰当的成就动机，具备人际交往的基本观念与技能，确立健康的情爱观，初步厘清价值追求，不断发展健全人格，实现与周围环境及社会发展的良好适应，促进自身的成长与发展；处于毕业阶段的大学生，面临的主要问题是求职择业与走向社会，此阶段的教育重点是帮助他们确立适当的就业期望，进行正确的职业定位，提高挫折应对与承受能力，增强竞争意识和社会责任感，在知识、体格、人格能力方面为进入社会做准备。而另一方面，在大学生活的不同阶段，大学生所面临的同一个发展课题又有不同的发展内涵。以人际交往为例，虽然依据大学生活发展的阶段特点将其界定为大学二、三年级心理发展的重要内容，但各年级教育内容并非静止地孤立，而是在差异中具有内在的相通。大学一年级人际交往的辅导内容主要是对大学新环境中人际关系的适应，根据交往对象的变化调整自己已有的交往观念和交往方式，掌握与人交往的原则与技巧，克服人际交往的偏见；大学二年级人际交往的辅导内容主要侧重于小群体交往指导，如宿舍人际交往中宽容大度、求同存异、真诚关爱的交往观念，注重培养大学生与人沟通的技巧；大学三年级人际交往的辅导内容主要是克服交往障碍，学会自我调控，培养群体精神和合作精神，了解交往策略；大学四年级人际交往的辅导内容主要有人际角色训练，学会识别自己和他人的人际角色，学会扮演自己的人际角色，学会建立自己的人际网络，学会增强自己的人际交往能力和魅力。因此，大学生心理健康教育要兼顾各阶段大学生不同的心理行为特点与发展课题，要体现不同年级大学生发展任务的不同侧重，就必须从整体出发，在教育过程中体现出教育活动的阶段性和各年级差异性，实现心理健康教育运行的全程化发展趋势。

第三章 新媒体环境下大学生心理素质教育模式创新

第一节 新媒体环境下大学生心理素质教育模式的内涵

一、新媒体环境的内涵

要了解新媒体环境的内涵，就不得不先了解一下"新媒体"。"新媒体"这个词语最早见于20世纪六十年代的美国，当时的哥伦比亚广播电视网技术研究所所长在发表一份电子商品计划书的时候第一次提到了这个词语。可见"新媒体"的出现与科技的发展是有一定联系的。随着信息传播技术的快速发展，"新媒体"一词越来越频繁地出现在各种报告和报纸之上，从此活跃在美国社会中，并且在后来影响了整个世界。

在"新媒体"牵手网络之后，其功效得到了最大的发挥，对人们的生活交往产生了巨大的影响。正是基于两者之间密切的联系，当时的联合国教科文组织就认为，新媒体就是网络媒体。的确，互联网在当时被人们视为继电视、广播、纸质媒体之后的"第四媒体"，所以联合国教科文组织就将新媒体落脚在网络媒体上。但是世界在不断地变化和发展，科技在不断地创新和前进，随着手机的普及和更新换代，即使在不连接网络的状态下仍然能够通过短信或者其他离线平台工具与他人进行即时的沟通和联系，手机俨然成了继互联网之后的"第五媒体"，因此"新媒体"一词就不能局限于网络媒体范畴中。

（一）新媒体的本质

综观国内外学者对新媒体的内涵做出的解读，不论是从新媒体在传播信息上所呈现出来的新特点，还是在传播信息的过程中应用的新技术，虽然在语言表述上各有不同，但是对于新媒体的本质的表述还是万变不离其宗的。新媒体具有媒体所有的质的规定性，其本质上就是一种媒介，是传播信息资讯的载体，是传播者携带和接受者接收信息的工具。正如上文所述，人们之所以称为"新"媒体是继之前的旧媒体形态之后提出的概念，而这个"新"并不特指网络，也不会仅限于现在的手机抑或是更新的科技成果。

因为在媒体的本质定义中必不可少的因素是传播者和接收者，所以在定义新媒体的本质时，也必须考虑这两个因素。因此，对新媒体的本质解读上，首先，要明确的是新媒体就是一种媒介，一种传播信息的载体。其次，这一媒介同以往的媒介不同，传播者和接收者可以无限扩大规模和数量，在信息传播过程中的关系对等。最后，这一载体利用高科技手段，将信息数字化，并使信息在传播过程中突破了时间和空间的限制。

（二）新媒体的功能

研究新媒体的本质定义是为了使大众对新媒体有一个本质上的认识，对新媒体有一个正确的理解和态度。当下很多网络信息和报纸杂志上都热火朝天地宣传新媒体时代的到来，使受众常常对新媒体有种莫名的崇拜感和敬畏感，但是事实上新媒体就是一种新的信息传播载体，这种载体也只能在人们运用的过程中发挥作用。

然而对于新媒体时代，或者是新媒体环境的描述，在很大程度上反映出了新媒体与人们的密切关系，新媒体在质的规定性上是媒介，但是在功能表现上更像是一种环境，无时无刻不影响着人们的生活和工作，甚至改变了人们的行为方式。因为新媒体具备了不同以往媒体的新特点，所以才在实际运用中产生了意想不到的功能。

新媒体的功能可以从新媒体的特点表现出来。新媒体的特点是在同以往媒体形式相比较中得出的，综合学者们对于新媒体特点的表述，可以从新媒体环境下信息的传播者、传播方式、传播内容、传播载体进行概括。首先，从信息的传播者方面来看，与以往媒体形式不同，传播者不再局限于专门从事信息传播的工作人员，作为普通民众的一员，只要你懂得如何使用新的媒介工具，就可以成为信息传播者。其次，从信息传播方式来看，以往的媒体在信息传播方式上是单向的，主要由信息传播者运用媒体介质对受众进行信息的传播，而受众只是被动的接收者，然而新媒体却颠覆了传统的传播方式，由单向改为双向互动。再次，从传播内容来看，由于传统媒体在进行信息传播时，要由专门的部门对传播内容进行审核方可进行传播，所以受众接收到的信息可能并不全面真实。而新媒体传播的内容包含范围相当广泛，可以与政治、经济、文化、军事有关，也可以与日常琐事、家长里短、娱乐八卦有关，这些内容由于无法得到及时地审核和筛选，使内容的真实性无法得到保障，那么受众在接收这些可靠性不高的信息后也会出现不同程度的反应，这些反应恰恰会影响个人、社会乃至国家的发展。最后，从传播媒介来看，新媒体时代下最常见的媒介形式就是计算机和手机，然而随着科技的进步和更新，新媒体环境下的信息传播媒介不会只局限于计算机和手机，由谷歌新研发的智能眼镜和苹果公司研发的苹果手表也具备了连接网络的功能，将来也会不断出现新兴的信息传播载体。新媒体正是具备这些新特征，才使其在功能的发挥上独领风骚，较之传统媒体而言，对人们的生活产生了更大的影响。

（三）新媒体环境与现实环境的关系

新媒体环境与现实环境存在着辩证统一的关系。一方面，新媒体环境与现实环境是有所区别的。现实环境的范围很大，从宏观上可以概括为政治环境、经济环境、文化环境等方面，从微观上可以概括为社会、学校、家庭、社区等小环境，这种环境是由现实因素组成的。而新媒体环境则不同，新媒体环境是信息在通过新媒体介质进行传播的过程中对人们各个方面产生的一系列影响，这种影响是在新媒体形式下信息传播过程中产生的影响，这种环境是由一系列数字形式组成的，表现为一种虚拟的形态。另一方面，新媒体环境又是现实环境的扩展和延伸。首先，新媒体环境是在现实环境的基础之上产生的。媒体的更新换代是基于社会生产力的发展，人们接触和利用新媒体是基于日益增长的物质文化需求，因此现实环境为新媒体环境的产生提供了现实基础。其次，现实环境为新媒体环境的产生和发展提供了动力和空间，人们在新媒体环境中建立起来的虚拟社区、进行的人际交往都是以现实社会为蓝本，用现实社会中的规则来规范新媒体环境下的交往规则。最后，新媒体环境对现实环境产生了能动作用。新媒体的特征不仅为人们带来了发展的优势和机遇，同时也对现实社会造成了一定的威胁。当新媒体环境中的正能量大于负能量的时候，现实环境也会因此而进行正向的发展；反之，现实环境则会因为负能量的影响而产生各种社会问题。

二、大学生心理素质教育的内涵

（一）心理素质的本质

1. 素质的定义和结构

从结构上来看，心理素质是素质结构的组成部分，并且在素质结构中居于核心地位。所以，要对心理素质的本质进行解读，首先就要对素质进行理解。"素质"一词有多种解释，研究者从哲学、社会学、语义学、心理学、教育学和人类学等不同学科进行研究，得出了不同的概念解释。虽然学者从不同的学科角度出发，对素质做出了不同的解释和定义，但是随着学术界对素质研究的不断深入，关于素质概念的分歧在不断缩小，共识在不断扩大。目前学术界对于素质概念的认同有以下几点趋向：首先，素质是人类特有的。其次，素质在人的各项品质中是最基本的，具有稳定性和内隐性；最后，素质的形成不是单一的先天遗传或者后天环境造成的，而是两者共同起作用的结果。由此可见，素质既是一个发生性的概念，也是一个发展性的概念，随着人类的发展和环境的变化不断发生着变化。

素质作为一个自组织系统，是有其内部结构和功能的，而且素质的结构和功能密不可分。基于本书的探讨群体是大学生，因此从大学生这一群体出发，学术界对素质结构的分类是比较一致的，认为大学生的素质应该包括生理素质、科学文化素质和心理素质。在素质结构中，这三种素质的关系是紧密联系的。生理素质是素质结构中最基础性的素质，它是随着人类的产生而产生的，由遗传所决定；科学文化素质则是人类后天习得的，与教育紧密相关；心理素质则是先天和后天因素共同起作用的结果，在素质结构中居于核心地位，在生理素质和科学文化素质中起着中介作用。

2. 心理素质的定义

根据上文对素质结构的论述，显然，心理素质是素质结构中最核心、最重要的组成部分，对其他素质的养成和发展起着中介和关键作用。而对于心理素质的概念，从20世纪80年代提出至今，学术界对心理素质教育经历了"忽视—认同—重视"的发展历程，学者们在揭示心理素质这一概念的时候，往往从素质和心理的双重角度出发，在两者的结合中寻求最恰当的表述方式。结合前文中对素质概念的解释不难推出心理素质的概念，心理素质就是人类所特有的，在先天遗传和后天环境的共同作用下形成的比较稳定的、内隐的品质。

（二）心理素质的功能

素质作为一个自组织系统，它是结构和功能的统一体，在这个自组织系统中，它的结构和功能是相互匹配的，通俗地讲就是有什么样的结构，就有什么样的功能。而心理素质作为素质结构的一种，它也具有同样的组织系统。

在心理素质结构中，认知品质是最基本的心理素质结构，它为个体心理素质的产生提供知识基础，个体首先要认识和了解一种事物，才能产生一定的心理状态，而对于该事物认知的正确与否以及认知的深刻程度则影响着个体心理素质的发展，因此认知品质在心理素质中起着基础性作用；个性品质是心理素质结构中的核心部分，它不直接参与认知活动，但是为个体进行认知活动提供动力，对个体的心理和行为产生调节作用。个性在日常生活中常常表现为个体的性格、兴趣和需求等，良好的个性往往可以帮助个体塑造较高的心理素质，具备较高心理素质的个体往往表现出良好的适应能力和处理问题的能力即较高的情商，具备较高情商的个体往往可以促进自身其他素质的提高，这就是一种衍生功能；适应品质是心理素质功能的集中体现，它反映的是个体在与周围环境的互动过程中，为了适应环境而做出选择和改变的心理品质。适应品质是为了使个体得到更好的发展，因此它在心理素质中作为发展功能而存在。

（三）大学生心理素质教育

大学生心理素质教育是整个素质教育体系中的重要组成部分。作为素质教育体系的一部分，它既有素质教育的共性，也具有自身独特的个性。首先，大学生心理素质教育的对象是大学生，需要强调的是这里的对象是全体大学生，而不是过去认为的存在心理问题和心理障碍的大学生。在大学生心理发展中既存在普遍的共性问题，也由于个体的差异性而存在特殊的个性问题。因此大学生心理素质教育要以大学生的生理和心理发展特点为依据进行教育。其次，大学生心理素质教育的目标同中小学素质教育的目标不同，大学生已经具备较高的认知水平和较稳定的个性倾向，对大学生进行心理素质的教育是为了提高大学生的适应能力，培养创新意识，促进和谐发展。最后，在对大学生进行心理素质教育的过程中，往往是心理学、教育学、医学融会贯通的过程，多种理论背景作为支撑来对大学生的心理素质进行培养和教育；除了理论上的多样化，手段上也同样要通过创设情境、激励参与、策略引导、内化反思和品质内化等环节使大学生心理素质教育得到彻底地贯彻和执行。

三、心理素质教育模式的内涵

既然心理素质在素质结构中居于核心地位，并且心理素质的功能在人的发展过程中起着非常重要的作用，所以不难得出这样一个结论，心理素质教育对人类的发展是非常重要的。我国自20世纪80年代提出了"心理素质教育"这一本土化的概念之后，心理素质教育便逐渐受到学术界和教育界的关注和重视，心理素质教育模式也在这个过程中逐渐形成。所谓心理素质教育模式，首先它是一种模式，而模式在本质上就是解决某一类问题的方法论，具备指导性的功能。因此，心理素质教育模式在本质上就是解决心理素质教育的方法论，是人们在正确认识什么是心理素质教育后，针对如何进行心理素质教育提出的方法论要求。

（一）心理素质教育模式的本质

作为一种模式，心理素质教育的模式有其本质特点：首先，心理素质教育模式源于现实，是对现实的抽象和概括，即心理素质教育模式源于现实心理素质教育活动的实践，是对现实实践活动理论化的概括和总结。其次，心理素质教育模式是理论化的表述，不能同简单的心理素质教育方法相提并论，否则就会降低心理素质教育模式的理论层次和价值。最后，模式是对理论的高度概括，在心理素质教育的实践活动中，可以提取相关的理论成果，而心理素质教育模式就是对这些理论最精简的表达。学者对心理素质教育模式的探索成果，由最初的将模式等同于方法，到越来越充实的模式内容。虽然模式讲究的是简洁，但是在高度概括的同时不能出现片面的错误，所以最全面的模式应该包括教育对象、教育目标、教育内容、教育原则和方法。

（二）心理素质教育模式的功能

从心理素质教育模式的功能上看，心理素质教育模式是从心理素质教育实践活动中产生的，并对实践活动具有方法论的指导意义，因此心理素质教育模式同心理素质教育过程是密不可分的，没有教育过程的探索和实践，就没有教育模式的形成和发展。心理素质教育过程从本质上来讲，就是主动培养学生健康心理素质的育人活动过程。心理素质教育模式就是在这个育人活动过程中采用的程序模型，为心理素质教育活动服务，以培养学生健全健康心理素质为目的，遵循一定的原则，采用科学合理的心理素质教育方法和手段，使学校心理素质教育以程序性的形式存在，便于心理素质教育的开展和评估。

既然心理素质教育模式从本质上来讲是一种方法论要求，那么从横向上来看，处于同一阶段的心理素质教育可以运用同一种心理素质教育模式开展心理素质教育活动；从纵向上来看，处于不同阶段的则应该采用不同的心理素质教育模式去进行教育活动。然而从认识和实践的关系来看，认识随着实践的发展而发展，要获取正确的方法论作为实践的指导，就要坚持认识和实践具体的历史的统一。当前形势下的教育环境已不同往日，新媒体对大学生产生了深刻的影响，新媒体环境也对大学生心理素质教育产生了复杂的作用。在这个全新的环境中，构建出一个符合实际情况的心理素质教育模式是至关重要的，只有教育模式符合新媒体环境下大学生的身心特点，才能充分利用新环境带来的教育优势，促进大学生心理素质教育的发展，反之则会阻碍心理素质教育的发展。

四、新媒体环境下大学生心理素质教育模式创新的重要意义

新媒体环境作为知识经济的一个重要特征而存在，对大学生这个群体而言，新媒体自身的特点满足了他们对于知识的渴求、个性的诉求和情感的表达，这些特点成为新媒体的优势，使新媒体融入大学生生活和学习的各个方面。在新媒体环境下，大学生的心理素质也受到了潜移默化的影响，在这些影响中既有积极向上的，也有消极落后的。面对新媒体环境对大学生心理素质教育带来的机遇和挑战，大学生心理素质教育模式在大学生心理素质教育活动中的重要地位日益显现，高等院校需要构建出一种新媒体环境下的大学生心理素质教育模式，从而克服新媒体环境对大学生心理素质的消极影响。

（一）新媒体环境对大学生心理素质产生的影响

1. 大学生与新媒体接触的必然性

2022年2月25日，中国互联网络信息中心（CNNIC）在京发布第49次《中国互联网络发展状况统计报告》（以下简称《报告》），《报告》显示，截至2021年12月，我国网民规模达10.32亿，较2020年12月增长4296万，互联网普及率达73.0%。在14种网民职业结构中，学生所占的比重达到25.2%。以网络和手机为载体的新媒体是"95后""00后"大学生最喜爱的媒体形态。当代大学生在日常生活中最常接触的就是手机和网络。早期的大学生可能还有人钟情于广播，但是能够迅捷报道海量信息的媒体形式更符合当代大学生的需求。新媒体几乎满足了当代大学生学习和生活的所有需求，从一定程度来讲，新媒体已不再是网络和手机的代名词，它更是一种环境，是现实环境的延伸，覆盖了大学生日常交往和学术研究等方方面面，对大学生的学习思维和生活交往方式产生了

深刻的影响。

环境的改变会引起个体诸多方面的改变。新媒体环境改变了人们的生活方式、交往方式和工作方式，在不同受众群体中，受到新媒体环境影响最深刻的莫过于大学生。由于新媒体环境的特点和大学生自身的特点，决定了大学生能够比其他受众更快、更深刻地融入新媒体环境之中。

第一，信息内容的丰富性可以满足大学生对知识的追求。大学生同中小学生不同，不再是被动地接受书本知识。他们在认知水平上有了很大的提高，经过十几年的基础知识学习，大部分大学生形成了自己的认知风格和思维方式，对于知识的要求也相应提高，不再满足于陈旧的理论或者书本上的知识，而是期待更新鲜的声音和信息。以网络为代表的媒体为他们提供了一个几乎零门槛的信息世界，网络世界中信息的丰富多样性和开放性极大地满足了大学生对于新鲜知识和信息的渴望。

第二，信息传播的急速化迎合了大学生的个性需要。人们常常形容当代青年人是浮躁的一代，这与当代社会快节奏的生活方式有关。当代大学生较之以前的大学生而言，他们从出生之后就时时刻刻体会着各种节奏的加快。有些理工科的本科生或者研究生开玩笑说，他们入学后学到的知识会在毕业的那一天全部过时。正如我们看到和听到的，科学技术的进步使社会的生产方式和人类的生活方式都发生了巨大的改变，当代大学生在成长的过程中逐渐习惯了这种快节奏的生活方式，形成了追求实效化的个性，他们不喜欢消极等待，而是希望积极追赶新鲜事物。新媒体环境恰恰为他们提供了最新、最及时的信息，满足了他们追求实效化的个性需求。

第三，网络文化的平等性和互动性迎合了大学生价值观上的诉求。当前网络文化呈现出来的特点主要是开放性、平等性、互动性。当代大学生从初中开始接触政治，到高中系统地学习马克思主义理论，经历了高考的打磨后，他们对这些知识的印象是死板的，加上高校思想政治教育的方法和手段没有实质上的变革，因此大学生更愿意接触网络文化。大学阶段是大学生价值观形成的关键时期，他们对于一些社会问题和矛盾的关注程度不亚于成熟的成年人，他们对于民主、自由和平等也有自己的看法，在网络这个开放平等的平台中可以针对时事各抒己见，满足了他们在民主平等价值观上的诉求。

第四，网络交往的隐蔽性符合大学生复杂的心理特质。大学阶段的课业压力较之中学阶段轻松了很多，如此一来可供大学生自己支配的时间比较多，如何合理地利用课余闲暇时间同样也成了大学阶段的一个课题。离开了家庭这个小环境，来到一个陌生的全新环境中，大学生的情感会变得敏感而丰富，在生活上、学习上和人际交往上的心理诉求也会增多。大学生想要在现实环境中去宣泄某些情感诉求时往往会受到各方面的阻碍，但是在新媒体环境下，在网络交往中就弥补了现实环境条件的不足，大学生可以在网络中进行广泛的人际交往，通过网络宣泄不同类型、不同程度的情感体验。更让大学生满意的是由于网络交往具有隐蔽性，即使自己的言行不当也不会担心被发现，自尊心得到了极大的满足。

2. 新媒体环境对大学生心理素质的影响

在当下，智能手机的普及为网络信息的传播开辟了一条新路径，当代大学生即使不是人手一台个人计算机，也会每人必备一部智能手机，网络存在于大学生生活和学习的各个角落，时时刻刻在影响着大学生的成长和发展。20世纪末学术界就开始关注网络对大学生的影响，随着科技的进步，这个问题也变得越来越复杂，学者也越来越重视网络对大学生的影响。本书主要考察的是新媒体环境下大学生心理素质的相关问题，因此要将新媒体环境同大学生心理素质紧密结合起来进行研究。大学生心理素质主要分为认知、个性和适应性三个维度，因此本书以这三个维度为角度，分析新媒体环境对大学生产生的影响。

第一，新媒体环境对大学生认知品质产生的影响。根据前文中对认知品质的阐述，大学生的认知品质主要是指他们对客观事物的反映活动。大学生在大学阶段需要认知的事物很多，包括对他人的认知、对专业的认知、对学校的认知、对社会的认知，以及很重要的一点就是对自己的认知。一方面，在新媒体环境下沟通渠道的多样性、信息传播的丰富性、网络文化的开放性和信息上传的时效性为大学生认知品质的培育创造了便捷的条件。新媒体环境下的大学生可以通过手机和计算机连接网络，与新朋老友进行及时地沟通和联络，自主学习本专业的重点难点，熟悉校园环境和学校周边环境，搜索社会实践信息和就业信息等，扩大了对事物的感知范围，提高了感知事物的思维能力。另一方面，新媒体环境虽然为大学生在认知方面提供了便捷的途径，但是也存在着负面影响。新媒体信息的直观性和快捷性降低了大学生的感知能力，降低了大学生感知事物的敏感度，导致大学生认知的肤浅化。依赖网络交往而忽视现实环境中与他人的沟通，沉溺网络游戏而荒废学业，辨别不清网络信息的真实性而盲目信从，依赖网络逃避社会等行为在大学生这个群体中也不少见，这些现象导致的后果就是理性认知能力和辨识是非能力的弱化。

第二，新媒体环境对大学生个性品质产生的影响。根据前文中对个性品质的论述不难看出，个性品质在素质结构中处于核心地位，具有衍生性的功能，可以调节大学生的心理素质，良好的个性品质有助于形成良好的行为习惯。具备良好个性品质的大学生，其心理素质就会比较高，在待人接物、处理问题的能力上会比较强，表现出来的行为习惯也会比较好，所以良好的个性对大学生的发展具有重要意义。一方面，新媒体环境为大学生提供了表达个性和宣泄情感的平台，在新媒体环境下生活和学习的大学生，可以通过网络信息平台搜索自己感兴趣的信息，表达自己的观点和态度，在与其他观点进行争辩的过程中形成自己独特的视角和风格，有助于提升个体的自信和价值感。另一方面，由于新媒体环境中网络文化的多元化和异质性、网络交往的隐蔽性和匿名性、虚假信息的欺骗性等问题的存在，也使大学生在新媒体环境下容易产生价值观的错乱、人格的异化和偏离、道德判断力的削弱和道德人格的缺失等问题。

第三，新媒体环境对大学生适应品质产生的影响。适应品质在大学生心理素质中的突出功能是发展性功能。大学生心理素质教育的目标是提高大学生的适应能力，培养创新意识，促进和谐发展。不同年龄阶段的大学生、不同性别的大学生在适应品质上也有不同的要求，根据学术界对大学生适应品质的考察，可以将大学生适应品质归纳为两大方面。一方面是从大学生个性发展角度提出的自我适应性，包括大学生在学习上、生活上、生理上的适应。另一方面是从大学生社会化发展角度提出的社会适应性，这不仅包括对社会环境和社会中的人际交往等方面的适应，还包括对于某些应激情境的适应。不难看出，适应性是认知和个性的综合体现，只有个体具备了正确的认知和良好的个性，才能拥有较强的适应性。一方面，新媒体环境为大学生提供了一个自主的、新颖的、开放的环境，大学生可以在新媒体环境下自主学习、生活和交往，选择自己感兴趣的内容去了解，展现出对生活的热爱和对未来的规划，利用新媒体尽快地促进个体的自我适应和社会适应。但是另一方面，新媒体环境的一些缺陷也使大学生这个群体出现了一些逃避现实生活、学习和交往，反社会化人格等问题，这些问题严重阻碍了大学生适应品质的养成。

（二）大学生心理素质教育的重要性

在知识经济时代，竞争已经渗透到社会发展的各个领域，而这些激烈的竞争都集中表现为人的素质的竞争。因此，要想在竞争中脱颖而出就必须具备优秀的素质。而心理素质在素质结构中处于核心地位，因此竞争的角斗场也就意味着心理素质的角斗场，只有具备优秀或良好心理素质的个体或群体才能在竞争中脱颖而出，获得自身的发展和提升。

大学教育一直被人们视为精英教育，是培养具有竞争力人才的教育。在新时代浪潮下，精英已经不再是传统意义上对学术能力的特指，现代的精英也指情商高的人才，具备良好心理素质的人才。大学教育的目的是向社会输出适应性和创新性人才，因此促进大学生社会化发展这一课题也是大学教育一直在努力完善的至关重要的教育活动。而大学生心理素质教育在大学生社会化发展方面同样发挥着不可替代的作用，它不仅在大学生素质教育中发挥着关键作用，也为大学生的社会化发展提供心理准备和精神支撑。

新媒体环境深刻影响着当代大学生的心理素质，为大学生心理素质教育带来机遇的同时，也带来了挑战。如果大学生心理素质教育跟不上时代发展的要求，就会影响到高校大学生专业能力的学习和思想政治教育的实际效果；如果高校大学生的专业课教育和思想政治教育受到阻碍，大学生的学术能力和价值观就会受到影响；如果大学生的学术能力和价值观受到影响，其社会化进程就会受到阻碍，将来步入社会之后也会遇到各种适应性问题，这样也就意味着大学对人才的教育和培养效果不大理想。所以大学生心理素质教育的地位非常重要，特别是在新媒体环境下，大学生心理素质教育就显得更加紧迫和势在必行。

1. 大学生心理素质教育的理论意义

从理论来看，大学生心理素质教育在大学教育中都处于不可取代的地位，发挥着不可或缺的作用。作为素质结构中最核心的部分，心理素质的高低会影响素质结构中其他素质的形成和发展。大学教育，就是为了让大学生拥有较高的认知水平，养成良好的个性品质，增强自身的适应性，这一切都与心理素质紧密相关。近年来，无论是大学教育还是社会教育都越来越突出德育的重要性，虽然大学生素质教育和大学生思想政治教育在内容上有所不同，但是在理念、途径和目标上都十分相似。以学生为本的理念、以引导为主的途径和以培育适应社会发展要求的目标促使大学生心理素质教育和大学生思想政治教育同步发展。大学生思想政治教育是为了培育具备良好思想素质和政治素质的人才，这个教育过程是一个内化的过程，不是简单传输知识就可以实现的。简单地说就是学生从心里接受了这些理论，才能真正地付诸行动。一旦大学生具备了良好的心理素质，拥有健康的心理状态，就会用端正的态度去对待这些理论知识，由原本的不接受或被动接受转变为积极主动地去认知、去探索，并且将这些理论知识应用于社会实践，促进个体的社会化发展。

2. 大学生心理素质教育的实践意义

从实践来看，加强大学生心理素质教育无论对大学生个体、社会群体还是整个国家而言都意义重大。国务院于20世纪末强调了心理素质的重要性，从1999年至今，心理素质教育已经历了20余年的发展。20年来国内环境和国际环境都发生了翻天覆地的变化，如今的大学生心理素质教育处于一个全新的环境之中，教育所面对的群体是心理状态更加复杂的大学生。在当代，加强大学生心理素质教育有利于提升大学生整体素质、有利于向社会输出合格人才、有利于为国家培养优秀栋梁。

（三）大学生心理素质教育模式的重要作用

在新媒体环境下，大学生心理素质教育的重要性日益显现，面对当代大学生出现的心理问题和心理障碍，如何对大学生开展心理素质教育？开展什么样的心理素质教育？怎样才能使心理素质教育真正发挥作用？这一系列的问题接踵而至。为了解决这些问题，不少学者结合实际条件，对心理素质教育的方法、手段等方面做了探索和研究。更有学者运用多种调查形式，透过大学生出现的心理问题和心理障碍深层次挖掘问题产生的根源，从根源入手探索大学生心理素质教育的方式。虽然学者提出了丰富多样的途径和方法，但是从这些途径和方法中不难找出其中的共性，而这一共性就是可以作为指导这些途径顺利开展的理论模型，即大学生心理素质教育模式。前文中对大学生心理素质教育模式进行了本质上的解读，大学生心理素质教育模式是人们在对大学生心理素质教育做出了正确的认识之后，提出的指导教育实践活动的方法论要求。因此，教育模式是指导心理素质教育实践的程序和方法，在教育实践活动中居于核心地位，发挥着关键作用。

1. 大学生心理素质教育模式的重要地位

之所以说大学生心理素质教育模式在大学生心理素质教育活动中居于核心地位，不仅在于它本身具有的方法论本质，也在于它涵盖内容的广泛上。大学生心理素质教育模式以培养全体大学生健全健康心理素质为目的，遵循心理素质教育的教育性、针对性、主体性、发展性和协同性等原则，采用科学合理的心理素质教育方法和手段，来指导心理素质教育实践活动。这个模式从内容上来看涵盖了多个方面，包括教育实践活动的目的、原则、方法和手段，这不是大学生心理素质教育活动中其他要素可以比拟的。合理有效的大学生心理素质教育模式不仅能对大学生心理素质教育活动产生调节作用，同时也能够产生动力功能，促进大学生心理素质实践活动的发展。

如今，人文关怀一词越来越被人们关注，虽然这并不是一个最新的话题，却是一个常议常新的话题。大学教育的人文关怀就是在大学教育活动中要以人为本、以学生为本，关注学生的真实诉求，关心学生的心理健康，满足学生在生理、安全、社交、尊重、自我实现等方面的需求。同时对大学生群体进行心理疏导，这种心理疏导不仅要依靠专业的心理学专家，也要依靠学生的自我疏导。大学生心理素质教育模式是在总结大学生心理素质教育规律的基础上得出的，突出反映了大学教育对于人文关怀和心理疏导的诉求，体现了新时期大学教育的新特点和新目标。

2. 创新大学生心理素质教育模式的当代价值

大学生心理素质教育模式在大学生心理素质教育活动中处于不可替代的重要地位，发挥着关键性作用，因此符合时代发展规律的大学生心理素质教育模式可以有效地促进大学生心理素质教育的发展和提高；大学生心理素质教育在大学生素质教育中处于核心地位，影响着生理素质和科学文化素质的发展，大学生心理素质的发展和提高可以促进大学生生理素质和科学文化素质的发展和提高；大学生作为社会主义事业的建设者和接班人，良好的身体素质、扎实的知识储备和优秀的心理素质无疑会成为大学生的三大法宝，更能顺应时代的发展和历史前进的方向。因此，创新大学生心理素质教育模式既是为了使之更符合当前形势的发展，也是为了提高大学生的整体素质，可见对模式进行创新研究在当代具有重要的价值。

（1）进一步促进和完善大学生心理素质教育进程。大学生心理素质教育模式处于大学生心理素质教育活动的中心环节，心理素质教育模式只有符合时代发展的阶段性特点，才能将教育作用发挥到最优。在新媒体环境下创新大学生心理素质教育模式，不仅是顺应环境的变化和时代发展的要求，同样也是顺应素质教育发展的要求。大学生的心理素质教育不可忽视，不同年龄阶段的大学生在心理上的诉求是不同的。新媒体环境下的大学生心理素质教育模式的创新和构建，正是基于大学生不同的心理诉求，以不同阶段的大学生为具体的研究对象，分类别、分层次地进行不同内容的心理素质教育，借助新媒体等手段进行方法上的改革和创新，推动大学生心理素质教育的进程。

（2）顺应新时期大学生素质教育新发展。传统的教育都是以教师为主导，向学生强制灌输知识。也正是因为在教育活动中忽视了学生主体地位，忽视了素质教育的重要性，才阻碍了素质教育的发展。

教育过程是教师的教和学生的学有机结合的过程，是充分发挥学生主观能动性的过程。重视教育过程的师生互动、重视学生的全方位发展正是素质教育同传统教育的不同之处。当社会都在强调大学生较之中小学生拥有更高认知水平的时候，却忽略了大学生个性心理的不稳定性；当社会都在关注大学生心理问题的时候，也忽略了大学生具备更强的主观能动性和自我教育的能力。新媒体时代的到来将大学生心理素质教育的缺位凸显了出来，新媒体环境下的大学生具备更加自我、更加自信的特点，因此在新媒体环境下对模式进行创新研究的过程中，也更加关注学校管理机构—心理咨询中心—心理学教师—班主任和辅导员—大学生自组织系统的互动关系，通过"五位一体"的互动模式能够有效地提高当代大学生的认知水平、个性水平和适应水平，提高大学生的情商，促进大学生在德、智、体、美方面的和谐发展，满足了新时期大学生素质教育的新要求。

（3）加快新时代国民素质提升的步伐。我国自改革开放以来，生产力不断提高，经济取得了高速的发展，国家的综合实力得到了明显的提升。然而，经济和社会在飞速发展的过程中，国民素质发展的滞后性却成了不和谐之音。因此，在新媒体环境下对大学生心理素质教育模式进行的创新构建，不仅能培育出具备健全心理素质的大学生，也能够向国家输出合格的人才，向社会输出高素质群体，用大学生的高素质去感染周围的人，去感染整个社会氛围，从而提高国民的整体素质。

第二节　大学生心理素质教育模式发展现状

大学生心理素质教育模式涉及心理素质教育的诸多要素，包含心理素质教育的对象、目标、内容、原则和方法，与大学生心理素质教育的过程紧密相关。由于国外对于心理问题研究的时间比较早，因此心理素质教育模式形成的时间也比国内要早一些，理论发展比较充分，教育模型也比较丰富。虽然国内对心理素质教育研究开始的时间比较晚，但是在素质教育相关政策的导向下，近几年来发展势头非常迅猛，不少高校教育工作者也在工作实践中探索适合本校学生心理素质教育的途径和模式。

一、大学生心理素质教育模式的主要因素

心理素质教育模式的内容包括教育实践活动中的对象、目标、内容、原则和方法。那么在大学生心理素质教育模式中，教育的对象就是全体大学生，无论是有显性心理疾患的或者隐性心理问题的，还是身心健康的，都是心理素质教育模式的对象。

（一）传统大学生心理素质教育模式的要素

1. 大学生心理素质教育的目标

作为心理素质教育模式的重要组成部分，心理素质教育的目标不仅是心理素质教育模式构建的出发点，也是评价心理素质教育模式效果的标准。因此，大学生心理素质教育的目标在方向上是否正确，在内容上是否明确，都关系到大学生心理素质教育模式构建的成败。目前国内对心理素质教育目标的研究大都倾向于单一化研究，即从某一具体学科或单一角度出发研究心理素质教育的目标，这样以偏概全的研究成果只会混淆总目标和具体阶段目标，使心理素质教育丧失独特性，无法有针对性地指导心理素质教育活动的进行。因此，在设定大学生心理素质教育目标的时候，既要符合素质教育的总目标，也要体现大学生心理素质教育的特殊性。

（1）素质教育的总目标是心理素质教育目标制订的基本依据。素质教育的总目标在《中国教育改革和发展纲要》中有明确的表述，要全面提高学生的思想道德、文化科学、劳动技能和身体心理素质，促进学生生动活泼的发展。心理素质作为素质的重要组成部分，在目标的确立上要以素质教育的总目标为基本依据和方向。同时，作为核心部分的心理素质，在目标的确立上还要充分体现出其核心作用，通过确立行之有效的目标来实现大学生素质的全面提高。心理素质就像血液一样渗透在人的其他素质之中，是个体整体素质得到提高的着力点，是素质教育的出发点和归宿。心理素质教育目的的落脚点不仅在于培养大学生的良好心理素质，促进大学生的心理健康，更重要的是依靠较高的心理素质去提升整体素质，这才是心理素质教育的终极目标。

（2）大学生心理素质的特点是大学生心理素质教育目标制订的重要依据。大学生的心理素质同其他素质结构相比有独特之处，主要表现在心理素质的综合性、层次性和渐进性三个方面。首先，生理素质可以通过体能锻炼和教育得到提高，科学文化素质可以通过文化课程的教育得到提高，但是心理素质的提高就不是简单地通过单一学科的学习可以得到提高的。心理素质教育不仅要有相关课程的引导，也要有社会实践的辅助。其次，个体心理素质在不同年龄阶段有不同的体现，而且在同一年龄阶段，由于个体所生活的环境不同也会有不同的体现，这就是心理素质的层次性特征。最后，个体心理素质的发展并不是一蹴而就的，它同生理素质和科学文化素质不同，不能通过短时间的训练和技能的提高来获得发展，心理素质教育必须通过多种手段和方式促进学生将这些理论知识内化，达到自助和自我教导的效果。这就是心理素质的渐进性特征。因此，大学生心理素质的目标要根据综合性、层次性和渐进性的特点制订出相应的层次目标和类别目标。从层次目标上讲就是要从积极适应到主动发展，再到促进创新三个层次逐步递进；类别目标就是依据心理素质的三维度形成的认知目标、个性目标和适应目标。

2. 大学生心理素质教育的内容

大学生心理素质教育的内容在设置上离不开大学生心理素质教育的目标，目标为内容的设置指明了方向，因此大学生心理素质教育的内容在设置上要围绕大学生心理素质教育的目标展开。在大学生心理素质教育模式中，大学生心理素质教育的内容所占的比例是比较大的，模式作为方法论指导着实践工作，就需要形成程序化的内容体系，通过模式中涉及的教育内容达成教育目标的效果。在上文中，已经对大学生心理素质教育的目标进行了分类分层的设定，因此，围绕分类目标和分层目标，可以将大学生心理素质教育的内容归纳为以下几个方面。

（1）适应性内容、发展性内容和创新性内容。大学生心理素质教育的层次目标要求心理素质教育应该使大学生达到适应和发展的目的，因此依据层次目标的要求，适应性内容、发展性内容和创新性内容就应该作为大学生心理素质教育内容的组成部分。其中，适应性内容是最基本的内容。大学生在进入大学校园后，最主要的适应性内容就是适应新的校园生活、新的学习内容和学习方法、新的人际交往方式。发展性目标是具有衍生性功能的目标，对大学生的成长和成才具有非常重大的意义，因此发展性内容对于大学生的智能发展和非智能发展都有相应的要求。创新性目标是大学生心理素质教育目标的最高层次，创新性内容就是发展大学生的社会性和创造性。

（2）从大学生心理素质教育的类别目标出发，大学生心理素质教育的内容可以分为认知内容、个性内容和适应内容。认知内容主要是开发认知潜能、促进认知发展；个性内容主要是培育优良个性品质、促进人格健全发展；适应内容主要是提高适应能力、促进良好适应。

事实上，大学生心理素质教育的层次目标和类别目标是相互融合的，并没有那么泾渭分明，因此在对大学生进行心理素质教育活动的过程中，很多内容是重合的。所以在构建大学生心理素质教育的模式时，层次目标和类别目标下的内容在大多数情况下是相互补充，相得益彰的。

3. 大学生心理素质教育的原则

（1）教育性原则。教育性原则是大学生心理素质教育所遵循的最基本原则，无论大学生心理素质教育设定什么样的目标，设置什么样的内容，归根结底都是为了达到教育的目的，培养大学生积极适应、和谐发展和主动创造的精神。

（2）针对性原则。大学生心理素质教育面向的对象是全体大学生，但是由于大学生的个体差异，在心理素质教育活动中也要体现出针对性。针对不同年级、不同年龄特征、不同性别等，对大学生进行有针对性的心理素质教育。

（3）主动性原则。大学生心理素质教育与其他教育的不同之处就在于强调学生的主动参与性。心理素质教育不是简单的老师教、学生学，而是必须通过学生的主动参与和自觉努力，才能完善学生的心理素质。

（4）发展性原则。大学生与其他阶段的学生不同，大学教育也同其他阶段的教育有着显著差别。大学教育旨在培养全面发展的人才，在于培养具有一定创造力的人才，培养推动社会发展的人才。因此发展性在这个阶段的心理素质教育中的地位更加突出，一切教育活动都是围绕着大学生的自身发展进行的。

（5）协同性原则。大学生心理素质教育是一个复杂的教育过程，它不是单一学科理论支撑的教育过程，而是多门学科理论作为支撑背景进行教育的过程。从20世纪80年代心理素质教育兴起至今，我国教育工作者也在实践中不断探索心理素质教育的有效实施途径。在学校开设心理课程和心理咨询是常用的渠道，但是由于各方面原因，取得的效果并没有期望中那么理想。在新媒体环境下的大学校园中，大学生常常依赖网络去解决问题，不仅是专业课程上的问题，也包括自己的心理疑惑。

4. 大学生心理素质教育的方法

从20世纪80年代到现在，学术界对于心理素质教育的关注越来越高，关于如何对大学生进行心理素质教育也提出了各自的观点和看法。综合学术界对于大学生心理素质教育方法的论述，主要概括为以下几种方法。

（1）建立新生心理素质发展档案。在新生入学之后，学校为新生的心理状态建立档案，在新生经过一段时间的适应之后，再次调查学生的心理状态，对比新生档案进行更新和分析，对那些呈现出不良心理状态的学生及时进行疏导，并按时抽查不同年级学生的心理发展状况，对心理档案进行更新。

（2）以心理学课程为主要方式，为学生传播相关知识。将心理学课程作为通识课程，为各个专业的新生开设基础心理学，由专业的心理学教师进行授课，为学生传播专业的心理学知识和心理疏导方法。

（3）开展心理指导工作。高校设置心理咨询中心，为大学生提供心理疏导的专业情景；定期开展心理讲座，讲解典型案例，提供实用的心理疏导方法。

（4）营造良好的校园文化环境和心理环境。宣传与心理健康相关的小常识，介绍一些简单的心理疏导的方法。

（5）改进社会实践教育方式。社会实践是提高大学生心理素质的重要途径之一，大学生可以在社会实践中接触到与学校不同的环境，提高自己的适应能力，完善自己的个性品质。

（二）新媒体环境下大学生心理素质教育模式的要素更新

上文对心理素质教育模式的主要因素进行了系统的分析，心理素质教育模式包含心理素质教育的目标、内容、原则和方法。传统的教育模式是建立在传统教育环境下的教育模式，虽然在一些原则和方法上适用于新媒体环境，但是有很多因素已然无法满足新媒体环境对大学生心理素质教育提出的新要求。因此，要想对新媒体环境下大学生心理素质教育模式进行创新构建，就要明确新媒体环境对大学生心理素质教育模式提出的新要求，对传统的模式要素进行更新。

1. 新媒体环境下大学生心理素质教育的新目标

传统的大学生心理素质教育的目标体系主要包含层次目标和类别目标两大方面，层次目标的实现主要通过是类别目标的完成而体现出心理素质教育目标的层次性，因此在构建新的目标体系的过程中，可以从类别目标出发，设置合理的类别目标，也就体现了层次目标的要求。而类别目标包括认知目标、个性目标和适应目标，这同大学生心理素质结构相吻合，因此类别目标的构建是否符合新媒体环境下大学生心理素质发展的要求，会对大学生心理素质的发展产生促进或阻碍的作用。新媒体环境下不同年龄阶段的大学生所具备的心理特征是有所差别的，要针对不同年级的大学生的不同特点设定类别目标。在传统的类别目标的基础上，要结合新媒体环境对大学生心理产生的影响，抓住大学生心理素质发展过程中的主要矛盾，从大学生自身出发，在认知目标中着重加强大学生认知结构中元认知的监控能力，克服固有的、片面的定式思维；在新媒体环境中提高自身的辩证思维能力，掌握发现问题和解决问题的思维策略等方面；在个性目标中着重培养大学生在新媒体环境中自我认识和自我评价的全面性和客观性，克服自负和自卑两种不良个性态度，利用新媒体刺激大学生的自我成就动机；适应性目标则着重利用各种新媒体形式，让大学生理性地对待虚拟环境的特点和作用，通过对新媒体的合理利用来增强自身的责任感和创新意识。

2. 新媒体环境下大学生心理素质教育的新内容

大学生心理素质教育内容与大学生心理素质教育目标具有一致性和符合性，在新媒体环境下，既然大学生心理素质教育目标体系增添了新的元素，那么内容体系也要相应地进行更新。大学生心理素质教育的内容体系主要包括适应内容和发展内容，适应内容主要包含适应新的校园生活和宿舍生活、适应新的学习内容和学习方法、适应新的交往对象和交往方式。发展内容主要包括三个方面：一是智能、理性思维的发展，二是良好个性的培养，三是个体的社会化和创新意识的培育。不同年代的大学生在进入大学校园后，都要经历适应和发展的过程，然而不同年代的大学生在适应和发展方面又有不同的侧重点。当代大学生是深受新媒体影响的大学生，他们早在高中甚至初中时代就接触到了新媒体，并且熟练掌握了新媒体的操作方法，有些大学生甚至可以运用新媒体实现自己的梦想。

当代大学生的生活、学习和交往中处处存在着新媒体，有些大学生已经完全依赖新媒体进行生活、学习和交往，因此传统的适应内容必须要与新媒体相结合，要求学生适应新媒体环境下的生活、学习和交往。就发展内容而言，除了对大学生进行传统的发展教育外，还要结合新媒体环境的特点，提高大学生明辨是非、辨别真伪的能力和独立的思考能力，着重塑造大学生正确的价值观，帮助大学生树立社会责任感。

3. 新媒体环境下大学生心理素质教育的新方法

传统的有关大学生心理素质教育的方法是高校教师和心理教育工作者在实践活动中总结出来的，虽然提出这些方法的环境与当下的新媒体环境有所区别，但是这些方法对当前的工作仍然有非常重要的借鉴意义。除了这些必要的方法外，新媒体为高校教师和心理素质教育工作者提供了新思维，开辟了新路径。用当代大学生喜闻乐见的形式同大学生进行交流，才能真正贴近大学生的生活、学习和交往，才能对大学生的心理素质进行教育和引导。新媒体环境下传统的心理素质教育方法呈现出更多的被动性，缺乏时效性。例如，建立新生心理档案的方法在新媒体环境以前具有很强的针对性，但是在新媒体环境下纸质的心理档案却显得有些落伍，如果心理档案只是在开学之初建立完之后就束之高阁，待发现问题时才进行更新和寻找对策，那就会错过了调节大学生心理问题的最佳时期。加之新媒体环境下的大学生个性十足，并不喜欢将自己的心理状态变成档案的形式存放起来。所以这种方法在新媒体环境下就丧失了原有的生命力。因此，在新媒体环境下应着重于对各种新媒体方式的应用，例如学校应创建大学生感兴趣的心理学网站或者知心话家园，以生动活泼的案例吸引大学生的关注，通过辩证的分析来充实大学生的心理学知识，提高大学生的辩证思维能力。班主任或者辅导员要及时利用微信、QQ群等平台与大学生进行互动，在互动的过程中掌握他们的思想和行为动向，及时调整大学生的不良情绪，引导大学生向着更积极健康、乐观向上的方向发展。

二、国内外心理素质教育模式

（一）国外心理健康教育模式类型

由于国外对人格的研究开始的时间比较早，在研究过程中也形成了不同的理论流派，因此对学生人格培育模式的研究开始的时间也比较早。不过国外的人格培育模式主要针对的是有心理疾患的学生，所以只能称为心理健康模式。在国外，对学生的心理健康进行维护的工作人员涉及的行业比较多，比如学校的辅导教师，社会上的具备专业素养的社会工作者，当然还包括医务工作者和专门的精神病医师等。这些工作者的主要工作内容是提高学生的就学率、为学生提供心理咨询、与家庭和学校联络以及观察干扰学生学校活动的行为、情绪、家庭和社区问题。

学校社会工作者是学生心理健康的主要维护者，在维护学生心理健康的过程中形成了几种模式，按照时间的先后顺序，主要分为传统临床模式、学校变更模式、社区学校模式和家庭—学校—社区合作模式。

1. 传统临床模式

这个模式面向的对象主要是有不良情绪的学生，目标就在于帮助这些学生调整和克服不良的情绪，提高这些学生的活动能力。方法上主要采用自我心理学，比如 ABC 合理情绪疗法等方法，学生在学校社会工作者的帮助下主动探索自身的不良情绪及不良情绪产生的原因，通过学校社会工作者的引导发现自身存在的不合理情绪，最终通过自我分析达到调整不良情绪、提高社会活动能力的目标。

2. 学校变更模式

学校变更模式的对象与传统临床模式不同，该模式主要是为了促进学生心理健康发展而变更学校不适当的规定，把研究的次对象定位为学校，目标是改变学校不适当的规范和规定，主要内容是学校环境和不合理规定的改变，方法上主要运用组织方法和制度理论方法。

3. 社区学校模式

该模式是在学校变更模式的基础上发展起来的，除了认识到学校规范对学生心理健康的影响之外，还看到了社区也是影响学生心理健康的因素之一，因此该模式将实施心理健康教育的环境定位在社区和学校，依托社区和学校的和谐发展，对学生的心理健康产生积极的影响，促进其良性发展。

4. 家庭—学校—社区合作模式

该模式是目前国外主流的心理健康教育模式，研究的对象回归到学生身上，通过对影响学生的整个社会系统进行优化，来促进学生的心理健康发展。美国心理学家布朗·芬布伦纳认为：个体的心理发展是在社会、学校和家庭的共同影响下进行的，因此学生心理素质的形成与发展离不开家庭、学校和社会，特别是学校，它对于学生心理素质的发展起着复杂的作用。在这样的理论背景下，国外对学生进行的心理健康教育都是以学校为轴心，分别在学校和心理健康机构以及学校和家庭之间建立起桥梁，以动态的系统作用于学生的心理素质教育。这种教育模式并不深奥，举个简单的例子就可以说明这种模式的运转方式：当教师或者家长发现孩子出现了某些心理问题时，首先，学校和家庭要建立起联系，由家长提供孩子在日常生活中的具体表现，学校针对孩子的表现给予家长相应的建议和方法，由家长对孩子的心理或者行为进行调节。其次，教师通过观察学生课堂表现进行有计划的干预。如果以上两条途径都没有起到改善的效果，则由学校里具备专业心理学背景的教师对学生行为进行干预和调节。如果以上方法都无效，则学校在征得学生家长同意后，邀请临床医师或专门从事心理咨询的社会工作者对学生的行为进行调节。

在国外心理健康教育模式中，传统临床模式是从学生自身出发开展心理健康教育的，但是并没有面向全体学生，只是针对存在心理障碍的学生。从学校变更模式到目前流行的家庭—学校—社区合作模式，虽然目前流行的模式系统地分析了影响学生心理素质发展的诸多动态因素，并将这三种动态因素结合在一起，但是该模式过于侧重对学生心理健康发展的客观环境的塑造，这可能是由于国外心理健康教育的对象主要是中小学生的缘故，因此忽略了学生主观能动性的重要性。不过，国外心理健康模式中有很多值得学习和借鉴的经验，这些内容将会在下一节"大学生心理素质教育模式的创新建构和保障机制"中具体展开。

（二）国内心理素质教育模式类型

国内对于心理素质教育模式的研究兴起于 20 世纪末、21 世纪初，从 1998 年开始就有学者对心理素质教育模式进行探究，后来越来越多的学者对心理素质教育进行了深入的研究，这其中就有不少学者注意到心理素质教育模式的重要性，于是关于心理素质教育模式的研究也渐渐成熟起来。按照时间顺序对国内的心理素质教育模式进行归类，主要有以下几种类型。

1998 年，林建华先生提出了教材教法模式，教育对象是中学生，教育目标是使学生学会生活、学会学习、学会关心、学会自我教育，在知、情、意、行四方面得到协调发展。在研究中学生心理素质特点的前提下采用问题导入—师生互动—反思感悟的心理素质教育模式。之所以称为教材教法模式，主要是在这三个环节中利用合理的教材，通过恰当的教法来达到提高中学生心理素质的目标。在这个模式中，教材模式要具有时代性、符合性和可读性；教法要能够充分地调动学生的主动性，引起学生反思。林建华先生提出的心理素质教育模式从教材和教法角度出发，对教材模式和教法模式的要求都体现了以中学生为主体，一切从学生自身的心理发展特点和个性特征出发，强调了中学生各方面的协调发展。

祝新华先生也在同年发表了关于心理素质教育模式的文章，提出了"四结合"模式。该模式的教育对象仍然是以中学生为主。四个结合主要是指学校全体教职人员和实验人员的结合、心理课程与其他课程的结合、团体教育和个别教育的结合以及家庭—学校—社会的结合。祝新华先生提出的心理素质教育模式与林建华先生提出的教育模式不同，造成不同的原因主要在于看待问题时的出发点不同。林建华先生对微观教学提出了具体要求，而祝新华先生在宏观教学方面做出了统筹的安排设想。四个结合与国外的学校心理健康工作有异曲同工之处，把握了心理素质的系统性和整体性特点。

韦小白也在同年提出了创造心理素质教育模式。该模式的教育对象是小学生。顾名思义，这个模式主要是为了促进小学生的创造能力素质和创造个性特征的发展。该模式采用专门课程教育的方法，加之专门训练与日常渗透相结合，以思索、模仿、操作、创造四种形式交替进行的模式对小学生的创造性进行教育和培养。该模式的对象和内容虽然同前两种模式不同，但是在方法和途径上有相似之处。

20 世纪末，郑和钧提出了心育模式。心育模式以教材教法模式为蓝本，因此在目标上同教材教法模式相似。但是心育模式在总目标的指导下，细化为三个具体目标，即构建内容、构建结果和构建过程。构建内容是德、智、体、美、劳、心这六育协同发展；构建结果是使学生在认知、情感、意志、行为和个性等方面得到和谐发展；构建过程是让知识内化的过程，让学生从自主确定目标到主动实现目标的过程。该模式借鉴了学者在 1998

年提出的几种心理素质教育模式中的内容，对这些模式进行了整合和梳理，在强调心育的教育背景下形成。

张履祥先生在2000年提出了心理素质教育的CIP模型。其中，C代表认知，I代表职能，P代表人格。该模式源于对心理素质结构这个自组织系统的分析。该教育模式的对象是中小学生；教育目标是使中小学生的心理素质结构得到优化和完善；教育内容是完善认知结构、强化职能训练、加强人格品质培养。显然，从2000年开始，学者对心理素质教育研究的重点就开始从影响心理素质教育的客观环境转移到了心理素质结构本身，从心理素质结构出发研究心理素质教育模式。

张大均先生和陈旭先生在总结以上模式的基础之上，于2004年提出了心理素质教育整合模式。所谓整合模式，就是指这种模式不是从单一角度出发进行研究的，既不是从教材教法出发，也不是从心育背景出发，而是从学生的生理到心理，从社会学和教育学的多学科角度出发，整合心理素质自组织系统中的各个要素，并结合国内外在进行心理健康教育和素质教育的实践经验而提出的。该模式的教育对象仍然是中小学生；目标是使中小学生在成长过程中适应家庭环境、学校环境和社会环境，促进学生的全面发展；内容是将多学科的理论知识融入心理素质教育中去，引导中小学生会做人、会学习、会生活，使个体在认知和个性方面得到发展；在方法上主要运用情景创设和心理干预等方式来提高中小学生的心理素质。

（三）国内大学生心理素质教育的模式

以上模式主要是针对中小学生的心理素质教育，然而中小学生与大学生在认知、个性和适应性三维度上的发展特征不同，因此不能简单地将这些模式套用在大学生心理素质教育活动中。要想真正有效地提高大学生的适应能力和创造能力，做好大学生心理素质教育工作，就必须从大学生这个主体出发，根据大学生心理素质的特点和发展现状进行模式的设定。

2005年，王建中先生在分析了大学生心理素质培养的目标和原则的基础之上，结合高校的教育管理体制和大学四年中的阶段性心理问题，提出了"3×3+1"的心理素质培养模式。该模式为后来关于大学生心理素质教育模式的研究提供了丰富的一手资料。该模式将三条主渠道的工作穿插在三大阶段中，既体现了以学生为主体的原则，也突出了主渠道的引导作用。只是在大环境的营造方法和手段上阐述得比较简单，具体操作性不强。

2007年，程明莲对大学生心理素质培养模式进行了探索和实践，通过心理学专业量表SCL-90对某高校大学生进行心理状况调查，从社会、家庭和学生自身心理三方面总结大学生心理现状的成因，并以此为研究背景，探索出了以"四条主渠道"为主的心理素质教育模式。这四条主渠道分别是学校心理健康指导中心、学工干部、各科任课教师和大学生心理健康团体。首先，可以看出，该模式在很大程度上受到了"3×3+1"的心理素质培养模式的影响，但是把论述的重点放在了教育实施者身上，忽略了大学生的主体性。其次，该模式是以学生的心理问题现状为基础，但是在论述主渠道作用的过程中却脱离了大学生的心理问题，缺乏针对性。再次，将大学生现存的心理问题归因为社会压力和家庭压力以及学生自身的心理发展不成熟等因素，忽略了学校环境和教育环境对大学生心理素质产生的影响，存在片面性的缺陷。最后，四条主渠道各司其职，在心理素质教育活动中没有体现出协同工作的原则。

近年来，也有不少学者就大学生心理素质教育的方法进行了探索，在研究了大学生出现心理问题的深层次原因的基础之上，提出了具有针对性的解决方法。一是发挥主渠道的作用，开设心理学课程，针对不同年级和不同学生的特点进行心理素质训练。二是发挥主阵地作用，强化学校咨询中心的职能。三是发挥主力军作用，加大专、兼职队伍的心理素质教育建设力度。四是加强学校与家庭的合作。五是发挥大学生的主体作用，开展丰富多彩的校园活动，营造良好的校园心理环境。不过以上这些内容归根结底还是方法，并没有进行理论的拔高和概括，因此不能称为模式。罗列出的几种途径几乎都是从影响大学生心理素质的客观因素出发，并未触及大学生心理素质的本质和功能。六是丰富多样的心理素质训练在一定程度上可以帮助大学生进行心理素质教育，但是过多的训练反而会产生适得其反的效果，使个性鲜明的大学生排斥纷繁复杂的心理训练，从而达不到提高大学生心理素质的目的。

国外虽然对人格和心理健康关注得比较早，也在社会实践中形成了目前比较成熟和流行的学校心理素质教育模式，但是毕竟国情有所不同，我国大学生的成长环境和心理特征与国外大学生还是有所差别的，加上国外对学生进行心理健康培养的工作人员主要是社会工作者而非教师和辅导员，所以对于国外的心理素质教育模式不能照搬照抄，应该有选择地借鉴。国内自20世纪80年代产生了心理素质教育这一本土概念后，学者也通过理论探索和实践调查形成了几种心理素质教育模式，但是大多数的心理素质教育模式是在响应素质教育的大方针下针对中小学生进行的，很少有以大学生为教育对象的模式。自王建中先生提出了"3×3+1"的大学生心理素质培养模式后，学者也大多以此为模型，将重点放在了教育主渠道上，而不是大学生自身。更重要的是当代的教育环境已经发生了改变，新媒体环境深刻地影响着大学生的生活和学习，在这样的新环境下，心理素质教育模式也需要进一步创新，才能满足当代大学生心理素质发展的要求。

第三节　大学生心理素质教育模式的创新建构和保障机制

如今新媒体已经成为大学生获取信息的常用工具，出现在大学生学习和生活的各个角落。然而在新媒体环境下，新媒体就像一把"双刃剑"，对大学生的心理素质既产生了积极影响，也存在一定的消极作用。对大学生进行心理素质教育的活动中，最重要的就是寻找出适合大学生心理素质教育规律的模式，以模式作为方法论来指导教育实践工作，这样才能取得预期的效果。与当前实际条件相统一的模式才是有效的模式，教育环境已经发生了改变，模式中的组成部分也要随之发生变化，才能符合现实条件对心理素质教育提出的要求。

一、新媒体环境下大学生心理素质教育模式的创新建构

教育环境的改变对教育过程的各个环节都产生了影响，新媒体环境也对心理素质教育模式的组成部分提出了新的要求，因此大学生心理素质教育模式也要在传统模式的基础之上增加新媒体元素，这样才能体现出当前环境下大学生的心理特点，符合时代发展的趋势，真正影响到素质教育活动。然而，在新媒体环境的影响下，不同年龄阶段的大学生所产生的心理困惑是不同的，比如新生在初入校园时面临更多的是适应上的问题，如何正确地对待新媒体工具、如何利用新媒体尽快适应新生活等心理问题，而毕业生更多面临的是就业方面的心理困惑。所以结合国内外关于心理素质教育模式的论述以及新媒体环境对大学生心理产生的影响，加之大学生心理素质教育模式的主要因素，本书将以不同阶段的大学生为教育对象，紧紧围绕心理素质教育模式三要素，依据心理素质教育目标对不同阶段的大学生探讨适应能力和发展能力的教育内容。

（一）以角色适应为主的发展性心理素质培养

大一新生初入大学校园，要经历一系列的适应活动和体验活动，因此大一新生的心理素质教育要以角色适应为核心，以发展性心理培养为方向，遵循大一新生的心理素质结构的特殊性开展。大一新生要面对的主要问题就是适应问题，适应新的生活、学习和交往环境对大学生的成长和社会化至关重要，这就需要大一新生在一年级阶段放开自我、融入环境、体验自我。但是在新媒体环境下的大一新生，持新媒体或网络万能论的并不在少数，对新媒体的认知并不是全面客观的，他们认为新媒体或网络可以满足一切需求，用网络环境取代了大学环境，从而失去了适应大学生角色的机会，也就没有办法对自己进行合理准确的定位。也正是由于对新媒体在认知上存在偏差，有些大学生就相应地产生了一系列不良的个性习惯，比如过度依赖网络而导致了性格孤僻、不善交际、辩证思维能力弱；在课堂上使用手机进行娱乐活动导致注意力不集中、影响学习等。

对大一新生的培养应着重于发展性心理培养，即通过各种途径和方法帮助大学生树立发展性观念，引导学生学会用发展的眼光看待学习和生活，抓住新媒体环境下大学生心理发展的特点，有针对性地进行心理素质教育。因此在大一阶段就应该对新生进行新媒体环境方面的认知教育，这样有利于帮助学生建立健康的生活习惯和学习习惯。

（二）以学习和人际交往为主的实践性心理素质培养

经历了新生适应的阶段之后，这一阶段的大学生大多会把时间和精力用在专业课的学

习和人际交往方面。根据目前高校辅导员工作实践经验和高校学生对专业认同度的问卷调查发现，有部分大学生会在专业学习的过程中出现对专业不认同的心理态度，继而出现学习倦怠和学习动力不足等问题，这些心理问题对大学生的发展是非常不利的。这个阶段的大学生也都会选择建立自己的人际关系网络，在人际交往过程中会因为性格和个性的不同而产生诸多烦恼。在新媒体环境下的人际交往所呈现的问题也朝着更复杂的方向发展，"网络炫富"等现状无不刺激着大学生的神经，影响了大学生的人际观和感情观。

同时，很多高校都会选择在二、三年级开展社会实践和实习等活动项目，用以提高学生学以致用的能力。然而由于各方面的原因，大学生社会实践工作的开展并没有将作用发挥到最佳，很多实践活动重形式、轻内容，实践活动的单一化，实践活动平台的狭窄性等因素也熄灭了大学生参与社会实践活动的热情。但是社会实践活动对大学生而言是非常重要的，在整个大学生涯中发挥着举足轻重的作用。社会实践为大学生接触社会提供了平台，搭起了校园与社会联系的桥梁。大学生只有将所学的知识应用于实践，才能从理性的高度和深度去理解自己的专业，去规划自己的发展前景。因此对这个阶段大学生的心理素质进行培育应该以学习和人际交往为重心，着重提高大学生的实践性心理素质，为大学生社会化发展做好铺垫。新媒体环境下，这个阶段的大学生很容易出现两极化的发展趋势：一方面，懂得合理利用新媒体的大学生，能够不断从新媒体环境中受益，提高自己的专业知识能力和人际交往能力，能够正确处理虚拟世界与现实世界的关系，自控能力较强；另一方面，不懂得合理利用新媒体的大学生，就可能导致价值观的偏离、人格异化、道德感弱化、人际交往障碍、超前的消费观念等问题。因此对于这个阶段的大学生，在进行心理素质培养的过程中要借力培养，充分发掘学生自身的潜力，利用学生比较成熟的思维能力，借助新媒体环境开展丰富多彩的实践活动，帮助大学生摆脱不良习惯，以下内容是对已适应大学生的实践性心理素质培养。

（三）以人生规划和克服不良心理为主的社会性心理素质培养

即将毕业的大学生面临着就业这一重大问题，大学生心理在这个阶段呈现波动大、敏感高的特点，因此这一阶段也是大学生自杀行为的高发阶段。由于在我国教育工作中缺乏生命教育，学生对生命的认识并不深刻，抗挫能力较低，在困难面前常常表现得无所适从，不知道应该用什么态度去对待。从我国实行计划生育政策以来，多数的大学生是独生子女，他们在成长过程中常常备受呵护，随心所欲，因此也就形成了以自我为中心的个性特点。这种性格的大学生在就业季出现的问题也更加严重。因此对这个阶段的大学生进行心理素质培育要偏重生涯和职业的规划教育，保证大学生社会化的平稳过渡。新媒体环境下，这个阶段的大学生呈现出来的最主要的心理问题就是焦虑、角色定位混乱、价值观缺乏稳定性、与社会脱轨、急功近利等。

二、大学生心理素质教育创新模式的保障机制

大学生心理素质创新模式是以全体大学生为主体，以全面提高大学生心理素质为出发点和归宿进行构建的，新媒体环境下以角色适应为主的发展性心理素质培养到以学习和人际交往为主的实践性心理素质培养，再到以人生规划和克服不良心理为主的社会性心理素质培养，这三条培养模式不仅对大学生的认知、个性和适应性提出了更高的要求，也对实施心理素质教育的四种主要力量（心理咨询中心、心理学专业教师、班主任和辅导员、学生自组织系统）提出了更高的要求。要想使得三条分类培养模式得到行之有效的实施，就必须做好相应的保障工作，同时国外开展心理健康模式也为我们在保障机制方面提供了值得借鉴的经验，有助于在传统保障机制的基础上进行完善和发展。

（一）人力资源层面

1. 强化高校对大学生心理素质教育的认识，加大师资队伍的投入力度

虽然心理素质教育在20世纪80年代就提出了，但是心理素质教育的对象一直将重点放在中小学生身上，对大学生的心理素质教育关注度不够。直至20世纪末，北京、广州等地的高校频繁出现大学生自杀行为，大学生心理素质教育才开始被人们关注。大学生心理素质教育体系尚未完善，整个教育功能都未得到充分发挥。国外对于学生心理健康教育模式的变化发展突出反映了客观因素对学生心理素质产生的影响，因此高校首先就要强化对大学生心理素质教育的认识，不能只是简单地通过开设心理学课程、设立心理咨询中心等形式来进行大学生心理素质教育，更重要的是要让大学生能够参与进来，从中受益。大学生心理素质教育不是一项立竿见影的工作，必须通过长久的积累才能发挥质的变化。因此高校要加大师资队伍的投入力度，培训出真正懂得大学生心理的专业教师和辅导员，利用新媒体营造校园网络环境，树立良好的校风校纪。

2. 充分利用社会资源，丰富大学生心理素质教育队伍

国外的心理健康模式与国内模式的不同，表现在心理维护的人员组成方面。国内的心理素质教育和心理健康教育主要依靠高校教师或者辅导员，很少利用社会中的人力资源，不得不说这是对社会资源的一种浪费。在国外的心理健康教育模式中，社会工作者是一支不可忽视的力量，由于社会工作者的专业素质和综合素质都比较高，与人们的日常生活更加贴近，所以利用社会工作者进行心理素质教育是一种有效的保障措施。高校在进行大学生心理素质教育的过程中，将具备专业心理学知识和医学常识的社会工作者并入学校的师资队伍之中，一方面用他们的专业素养提高教师队伍的整体素质，另一方面利用社会工作者对大学生进行具有周期性、针对性的心理健康检测和教育，保障心理素质教育活动持续有效地发展。

（二）主阵地建设层面

优化心理咨询中心职能，发挥心理咨询主阵地作用。高校心理咨询中心从建立之初就定位为心理素质教育的主阵地，在众多学者的文章中也可以看出心理咨询中心的主阵地作用。虽然现在很多高校都设立了心理咨询中心，但是对于很多大学生而言，当他们出现了心理问题时，第一时间并没有考虑去向心理咨询中心求助，这就说明心理咨询中心的职能出现了缺陷，没有发挥本该具有的功效。不同性质、不同层次高校的大学生具有不同的心理素质，心理咨询中心也不能只是局限于旧的案例去解读新媒体环境下的大学生心理状况。所以在新媒体环境下要优化心理咨询中心的职能，从新生阶段就开始建立心理档案，在大学4年的生活中要时时同大学生进行交流，掌握大学生的心理发展动向，储存心理数据以供本校心理学课程内容进行有针对性地改革和调整。

除了建立大学生心理数据库，心理咨询中心还应该在高校心理素质教育活动的改革中发挥其主阵地的关键作用。从国外的学校变更模式中不难看出，学校规范和学校规则如果不适应学生的心理发展状态，就应该对其进行变更。而学校规范和学校规则是否适应新媒体环境下大学生的心理特征，最有发言权的就是心理咨询中心，因为这个机构掌握着最前沿的心理学知识，掌握着全校学生的心理发展动态，所以最有资格对学校的规定提出意见和建议。因此，充分重视心理咨询中心的主阵地作用，能够有效保障高校心理素质教育活动的顺利开展。

（三）专业人员建设层面

提高心理学专业教师和班主任或辅导员的新媒体操作能力，树立助人自助的教育理念。大学生对于心理学课程的感觉往往是乘兴而去、败兴而归，这是因为学校的心理学课程同大学生心目中的心理学相差甚远。国内的教材教法模式就是根据这一方面进行的改革，所以教学要改革，教材就要改革，教材的改革就是为了满足学生的需求。对于非心理学专业的大学生而言，他们并不期望从心理学课程中学到宏观的理论体系，而是希望通过心理学课程解决自己感兴趣的问题。国外的传统临床模式就对我国的心理学课程改革具有很好的借鉴价值。在国外，心理学教师会根据不同学科背景的学生进行不同的方法教育，比如采用ABC合理情绪疗法来帮助学生解决心理困惑。由于这种方法不需要大学生具备多么扎实的理论功底，只要按照疗法的具体步骤进行自我分析，就可以达到解除心理困惑的目的，所以这一疗法也是目前比较流行的心理疗法。高校心理学专业教师在进行心理学课程讲授的过程中就要因地制宜、因材施教、具体问题具体分析，根据大学生的需求改变心理学的授课方式，多采取情境创设、案例分析、专题讲座等方式来进行心理学知识的普及。对于班主任或辅导员而言，新媒体环境为他们开辟了多种途径同大学生进行沟通交流，因此班主任和辅导员队伍要提高对新媒体的操作能力，知己知彼才能百战不殆，借助新媒体同大学生进行随时随地地引导交流，在日常沟通中进行潜移默化的思想政治教育，帮助大学生进行自我教育，引导大学生正确地看待自己和他人，正确地看待世界。无论采用什么样的途径和方式去开展大学生心理素质教育，其目的都是让大学生掌握自我疏导的方法，助人自助才是保障大学生心理素质教育活动长效机制的重要举措。

（四）学生组织建设层面

建立多种多样的学生组织，从网络和心理双重角度去营造良好的校园环境。大学生是大学教育的主体，这不仅要求一切教育活动都要以大学生为主，也要求调动大学生自我教育的积极性。近年来学生组织风生水起，活跃于校园的各个角落，学生通过这些组织展现自我、体验自我、体验社会，提高了社交能力和社会实践能力。认识到这一点，高校就要充分利用学生组织，将积极的心理态度渗透到不同类型的学生组织中，并通过这些学生组织，将网络世界和现实世界中的正能量传播开来，营造一个良好的校园环境。这种良好的校园环境在无形之中就会影响到大学生的日常生活和交往，引导他们更加理性地看待网络和心理问题。大学生心理素质教育的目的就是培养出更符合社会发展要求、促进社会发展的大学生，学生组织为大学生步入社会提供了更多的锻炼机会和提升空间，学校应该重视学生组织的建立和发展，利用大学生对新媒体的熟练度去增强大学生心理工作开展的有效性。比如，帮助学生组织建立网络实践平台，学校在为其提供实践信息的同时，大学生也可以将自己了解到的、参与过的比较好的实践活动信息发布到网上，让大学生可以自主选择感兴趣的社会实践，从而更好地发挥大学生社会实践的作用，提高大学生的综合素质。学生组织是学校进行心理素质教育活动不可忽视的重要保障力量，学生组织体现了大学生朝气蓬勃和奋发向上的精神状态，锻炼了大学生的实践能力和综合素质，是一个自我教育、自我学习、自我管理的组织系统。正是因为大学生组织具备的这些特点，才能够保障心理素质教育深入学生的内心深处，保障校园网络环境和校园心理环境的净化和升级。

第四章　生命教育视野中的大学生心理健康教育课程教学

　　心理健康教育与生命教育两者是互相包含，相辅相成的，都是高校学生教育不可缺少的环节与措施，都能够促进学生的身心健康发展。在解决学生的思想问题方面，心理健康教育提供了科学的心理治疗、心理辅导，生命教育使学生的人生观、生命价值观进一步得到提升。心理健康教育与生命教育并不是相互排斥的，都要培养学生保持身心平衡健康发展，心理健康是生命健康的重要组成部分，心理健康是身体健康的基本保证，同时也是其智力发展与顺利成才的必要条件。

第一节　大学生心理健康教育课程教学现状

　　20世纪80年代，个体心理咨询和辅导是我国高校开展心理健康教育工作的主要途径，其中有少数高校组织编写心理卫生与健康等相关主题教材，针对大学生开设心理健康教育选修课程。进入21世纪以来，国家相继出台相关政策，强调和突出课堂教学在心理健康教育中的重要作用和地位，如2001年的《教育部关于加强普通高等学校大学生心理健康教育工作的意见》、2005年的《教育部卫生部共青团中央关于进一步加强和改进大学生心理健康教育的意见》、2011年的《教育部办公厅关于印发〈普通高等学校学生心理健康教育工作基本建设标准（试行）〉的通知》和《教育部办公厅关于印发〈普通高等学校学生心理健康教育课程教学基本要求〉的通知》等，这些文件明确将课堂教学作为心理健康教育的主要渠道和基本环节，要求高校在思想政治理论课程教学中开展心理健康教育，并根据大学生心理健康教育的需要建立或完善相应的课程体系等，要求高校开设大学生心理健康教育必修课程等。高校心理健康教育课程教学经历了选修课（医学、心理学、心理健康教育等）→必修课（思想政治理论课中相关课程教学）和选修课（大学生心理健康教育）→心理健康教育课程体系（大学生心理健康教育必修课和选修课共存）的发展之路。作者通过研究相关文献和对高校心理健康教育专职教师进行访谈发现，当前大学生心理健康教育课程在建设过程中也还存在一些问题，加强心理健康教育课程建设任重道远。

一、大学生心理健康教育课程开设情况

在 2011 年教育部办公厅发布《普通高等学校学生心理健康教育课程教学基本要求》（以下简称《基本要求》）之前，全国各高校开设心理健康教育课程的总体情况不佳，即使是在心理健康教育发展水平较高的地区，高校开设心理健康教育课程的比例也不太高。2009 年，北京市 22 所高校的调查结果显示，北京市高校开设心理健康教育课程情况发展不平衡，差异性较大，部分学校开设了 10 余门心理素质类课程，而部分学校仅开设了 1 门，北京市仅有 7.99% 的大学生选修了心理素质类课程。该数据说明，北京市高校大学生心理健康教育课程覆盖率非常低，开设心理健康教育必修课程的高校少之又少。

教育部办公厅发布《基本要求》之后，虽然全国各省市心理健康教育的发展依旧不平衡，但全国各高校开设心理健康教育课程的总体比例有所提高。当前高校心理健康教育课程开设情况有如下三个特点。

（一）政府主导作用明显

2005 年，政府鼓励高校在思想政治理论课的相关课程中开展心理健康教育，在此政策下，大多数高校依托思想政治理论课教学部等思想政治教育教师的力量，在思政课中增加关于心理健康教育的教学学时来开展心理健康教育课程教学。教育部办公厅发布《基本要求》后，各高校才真正开始重视大学生心理健康教育课程教学，根据大学生心理发展的规律，单列课程，统编教材，主要依托心理健康教育专兼职教师开展课程教学。政府每出台一项与心理健康教育课程教学相关的政策并对其进行督导检查时，就会带来一段时间内高校心理健康教育的快速发展。由此可见，政府的行政主导对推动大学生心理健康教育课程教学的改革和发展影响非常深远。

（二）心理健康教育课程开设形式以选修课为主、必修课为辅

20 世纪八九十年代，选修课是高校开设心理健康教育课程的基本形式。真正意义上的大学生心理健康教育必修课是在教育部办公厅发布《基本要求》之后开设的，至此，高校才开始重视大学生心理健康教育课程教学工作。《基本要求》发布后，全国各省市开设心理健康教育必修课程的高校的比例虽已有所提高，但还远远达不到 50%。当前全国高校总体上都是以选修课为主、必修课为辅的形式开设心理健康教育课程的。

（三）从单一课程建设向课程体系建设发展

高校心理健康教育课程经历了从无到有，从单一课程建设向课程体系建设发展的过程。就课程形式来说，高校心理健康教育从 20 世纪 80 年代的单一选修课发展为当前的选修课和必修课共同开设的形式及课程体系等。例如，上海市大部分高校除了开设大学生心

理健康教育类的课程之外，不少高校还根据自身师资和学校特点开设了其他心理选修课程，主要有心理学基础理论课程、心理咨询类课程、自我提升与发展类课程以及其他类别课程。南京大学探索建立三位一体的课程体系，形成系列课程与兴趣课程两条路径。课程体系建设要以大学生心理健康教育课程教学资源的极大丰富为基础，在文科实力比较雄厚的综合类大学、文科类大学、师范类大学等，大学生心理健康教育课程逐渐呈体系化发展。

二、课程教学师资队伍现状

（一）师资严重匮乏

心理健康教育课程教学与心理咨询的工作性质不一样。以一个学生规模为2万人、心理健康教育专职教师为3人的本科高校为例。若每年招生规模为5000人，按照《基本要求》精神，该校应针对全校大一新生开设心理健康教育必修课程，以4个行政班（每个行政班30名学生，总共120名学生）为1个课时来计算，共有42个课时，若每位教师承担2个课时的教学任务，该课程总共需要21位教师，除去现有的3位心理健康教育专职教师外，还需要选拔配备18位教师进行课堂教学。这部分教师该如何选拔和配备，是大多数高校开设心理健康教育课程面临的最大难题。由此可见，当前高校心理健康教育课程师资严重匮乏，这是影响课程建设和发展的重要原因之一。

（二）心理健康教育教师队伍以兼职教师为主、专职教师为辅

从理论上讲，高校心理健康教育课程教学的师资队伍与心理咨询的师资队伍应完全重叠，工作内容涵盖开展个体和团体心理咨询、进行课堂教学、组织开展心理健康教育活动等。但实际情况是，由于心理健康教育专兼职教师人员有限，心理健康教育课程师资队伍的主要力量并不是心理健康教育的专兼职教师。当前高校心理健康教育师资队伍主要有心理健康教育专职教师、思政课教师、辅导员、心理学专业教师、在读心理学研究生等。虽然高校心理健康教育专职教师队伍正在不断充实，但要满足课程教学的需要，还有很大差距。

（三）师资队伍的心理学专业知识有待提升

心理健康教育兼职教师在心理健康教育课程师资队伍结构中占很大比例。兼职教师师资队伍最大的优点是师资队伍储备人员多，但也有明显的不足，即流动性较大，专业素养略显不足。心理健康教育课程是一门专业性质较强的综合性课程，涉及普通心理学、发展心理学、心理咨询与治疗、精神疾病学等相关学科，而思想政治教育课教师的专业受训主要局限于思想政治教育等相关学科，辅导员的学科受训范围则很广，理、工、农、医、

文、史、哲等都有所涉及。当前高校心理健康教育师资队伍中兼职教师比重较大，在没有经过系统和全面的心理健康教育知识继续教育和培训的情况下，他们的专业素养有待进一步提升。

三、课程教学方法现状

（一）以传统课堂讲授为主要教学方法

在当前高校心理健康教育师资非常紧缺的情况下，要对全体学生普及心理健康教育，教学方式只能是大班教学，这里的"大班"不是普通的大班，而是能够容纳100~200人的课堂。在这种课堂上的有限教学时间内，最高效的教学方法为课堂讲授法。在《基本要求》中，对每一主题进行课堂教学，首选的就是课堂讲授法。《基本要求》也要求在课堂教学时采用心理测试、小组讨论等方法，但因为是大班教学，课堂中进行有效互动将受到时间的极大限制。以小组讨论为例，小组讨论活动和课堂分享讨论是一种有效的体验式教学法，通过小组讨论可以发现不同人对同一事件的不同思维方式和不同价值观等，但小组活动要分组，以全班有120人的情况为例，若每组成员为6~8人，全班分为15~20个小组，预设其中有5个小组参与全班课堂分享，该活动在课堂教学时间内至少要占用10分钟。也就是说，任何一种体验式教学活动，因为班级人数的增加，体验时间也会增多，其课堂教学的进度和效果将受到极大影响。有学者对教师在大学生心理健康教育课程中经常采用的教学方法进行排序调查发现，排在前两位的是课堂讲授法和案例分析法。由此可见，该课程在具体实施过程中最主要的教学方法应是课堂讲授法，该方法能够在有限的时间内最大效率地完成课堂教学目标，授课内容以心理学理论知识讲解为主，使教师能够有序地组织和掌控课堂，但对学生的现实指导意义不明显。有调查显示，高达32%的大学生对心理健康教育课程教师的教学方法不太满意。

（二）尝试采用团体训练、心理测试和小组讨论等辅助教学方法

有关调查研究表明，大学生对于心理健康教育课程教学方法，更喜欢情境模拟法和案例分析法，相比之下，讲授法则不太受学生的欢迎。大学生更喜欢和倾向于积极主动地参与到课堂教学中去，获得更多的心理体验，而不是被动地去接受心理学相关知识。正如某位教师谈到的，心理健康教育课程是一门体验性质比较突出的课程，因此，其课堂教学不能采取单一的课堂讲授法，应该采用心理测试、小组讨论、角色扮演、团体训练、音乐放松等灵活多样的教学方法，综合运用这些方法将有助于提高心理健康教育课堂教学的效果。一些有经验的心理健康教育专职教师会尝试采用多种教学方法进行课堂教学，以提高课堂教学效果。

大多数专职教师因为进行过心理健康教育类的选修课教学，即便是大班教学，因为他

们的教学经验非常丰富，专业知识扎实，也常常采用团体辅导、角色扮演等形式开展心理健康教育教学工作。所以，大多数心理健康教育专职教师对自己在课堂教学中灵活运用多种体验式教学方法非常有信心，他们对课堂的掌控能力比较高，对课程教学的热情和积极性很高，愿意在课外花一部分时间组织教学和进行小组管理等，其课堂教学的过程也很流畅，学生参与课堂互动的积极性非常高。

但是，对这门课程的主要师资力量，如思想政治教育课教师、辅导员而言，他们不一定能够很好地运用这些专业性较强的心理体验式方法，在教学过程中可能会表现为，对某些专业性比较突出的体验式教学方法缺乏信心，较少采用情景表演、团体训练等教学方法，多采用小组讨论或案例分析等；对课堂活动缺乏恰当引导，不能很好地调动学生参与的积极性，时间管理不当；对体验活动的总结浅尝辄止，深度不够，专业性不强。

四、课程教学内容现状

（一）课程教学内容逐渐走向正规化和专业化

为了更好地实施和完成《基本要求》所规定的教学内容，《基本要求》对心理健康教育的课程设置也提出了明确要求，要求高校把大学生心理健康教育课程列为必修课并独立开设，将其提高到与思想政治理论课程同等地位，不再将心理健康教育的有关内容并入思想道德修养课的教学安排。这突出地体现了政府部门已经充分认识到心理健康教育课程具有专业性，其教学目标、内容和方法与思想政治理论课程有很大差别。大学生心理健康教育课程的教学内容与思想道德修养课程的教学内容相分离，体现大学生的心理发展特点和规律，表明大学生心理健康教育课程教学内容逐渐走向正规化和专业化。作者在查阅大学生心理健康教育系列教材时发现，各级各类教材都认同《基本要求》内关于大学生心理健康教育课程的专业性、学科性及其价值取向。

（二）课程教学内容采用必修课和选修课结合的方式实施完成

要完成《基本要求》里所涵盖的所有主题的教学内容，高校必须采用必修课和选修课相结合的课程开设方式。例如，首都师范大学国家精品课程"大学生心理健康教育"，该课程教学内容包括心理健康与成才发展、健康自我意识的培养、良好的适应与发展、人际沟通与交往、积极有效的情绪管理、挫折应对与意志力培养、性心理与性行为健康、大学生恋爱心理、职业生涯发展规划、生命教育及危机干预10个主题，覆盖了《基本要求》中所有的教学内容。同时，该校还开设了多门子课程和专题讲座。

又如，长沙理工大学省级精品课程"大学生心理健康"的教学内容主要包括健康心理、自我意识、人际交往、情绪调控、恋爱心理、性心理与性健康、挫折应对、健全人格8个主题。同时，该校还利用学校文化素质教育选修课程计划的安排，开设了如社会心学、青年心理学、管理心理学、情绪心理学、普通心理学、人际关系心理学、人格心理学等一批专业性选修课程。

第二节 生命教育视野中的大学生心理健康教育课程教学反思

一、大学生心理健康教育课程的价值取向：维护学校稳定和为其他教育服务

政府鼓励高校开设心理健康教育必修课程，其最根本的目的是什么？心理健康教育课程教学到底有什么功能和作用？是为了预防学生自杀，维护学校稳定，还是为了减少学生成长中的烦恼，或者为了促进学生发展？为什么全国高校普及心理健康教育必修课程的成效不太理想？

课程教学是逐渐进入高校心理健康教育工作视野中来的。从高校出现大学生自杀事件起，政府和高校应对的第一举措是从国外引入个体心理咨询，建设心理咨询室，通过咨询和辅导帮助学生走出生命困境，这是20世纪80年代高校心理健康教育最主要的工作。由于专业心理咨询人员有限，而学生发展中的心理问题越来越多，且具有普遍性和相似性，为了缓解心理咨询的压力，以及提高心理健康教育的覆盖率，心理健康教育课程教学应运而生，很多高校开始开设心理健康教育选修课，为那些被共同的"成长中的烦恼"所困扰的学生答疑解惑。

由此，教育部召集心理健康教育专家组紧锣密鼓地制定了《基本要求》，并于2011年发布实施，全国各高校开始普及心理健康教育必修课程。

高校心理健康教育课程在行政主导力量的推动下依然前行艰难，与当前我国高校的专业教育人才培养模式密切相关。专业教育是与通识教育相对的一种人才培养模式，其教育目标是将学生培养成为某一专业领域的专门人才。在这种教育目标的指引下，人文社会科学与自然科学教育严重失衡。专业教育人才培养模式下的教育教学目的观认为，通识教育课程只是专业教育课程的附属。同时，通识教育面临着功利主义的现实挑战。学校领导或管理决策者更重视科研成果、科研经费、重大科研项目立项、重点学科建设等，因为这些可以带来非常直观的经济效益，这样就导致"无名无利"的通识教育处于边缘地位。在心理健康教育课程的归属设置上，政府更倾向于将心理健康教育课程纳入通识教育体系之下，在这种背景下推广心理健康教育课程教学难度可想而知。

无论是政府部门的管理决策者，还是高校的领导或管理决策者，他们对心理健康教育课程功能的认识普遍一致——预防学生自杀、为思想政治教育服务以维护学校和社会的稳

定或为专业教育服务等，忽视了心理健康教育的本体功能。这是导致高校心理健康教育一直处于边缘地位的根本原因，也是导致全国各省市高校心理健康教育课程建设发展不平衡的最根本原因。相比较而言，在教学资源比较丰富的高校，心理健康教育必修课程乃至课程体系等的建设比较迅速，但在教学资源比较匮乏的高校，心理健康教育课程的发展则非常缓慢。如果学校领导或管理决策者能够从本质上认识到，心理健康教育是一项培养健全人的活动，心理健康教育的根本问题是对人的教育问题，心理健康教育的价值直指人的成长、发展与自我实现，学校开设心理健康教育课程是为了促进学生发展，即为了德育、智育等服务，而不是实用性及补充性的，那么高校心理健康教育课程的普及程度应该会远远高于目前。

（一）心理健康教育课程的学生覆盖率不高

政府相关文件明确要求高校开设一门大学生心理健康教育公共必修课程，大多数高校的心理健康教育必修课程开设在大一年级的第一学期。因为全国高校开设心理健康教育必修课程的比例较低，所以心理健康教育课程对全国大一学生的覆盖率整体较低。

此外，当前大多数高校开设了心理健康教育选修课程，以大二和大三学生为主要授课对象。由于选修课的班级和教师有限，相较于全校大学生的数量规模而言，选修心理健康教育课程的学生总体人数并不多。以某高校为例，该高校有 3 位专职心理健康教育教师，每人可开设 1 门心理健康教育类选修课程，每班可供 200 人选修该课程，1 年开设 1 次选修课程，2 年共有 1200 人选修该课程，而当前高校大学生的规模都是一万甚至数万。

（二）大班授课导致对大学生的生命个体关怀不足

由于高校心理健康教育师资严重匮乏，课堂教学以大班授课为主。大班授课一方面是为了缓解师资严重短缺的压力，另一方面是为了追求教学的高效产出。为了提高课堂教学效率，大班教学一般采用模式化课堂，即某种统一的标准，这样有利于教学的集体推广和教师有计划地完成教学任务。大班授课的模式化课程不仅追求教学过程模式化和标准化，而且也追求教学结果统一，使课堂丧失了教学资源生成的空间，忽视了学生个体的差异性，课堂教学变成了"机械化的大生产"，对学生个体生命关怀存在不足。在大班教学过程中，参与课堂互动的学生人数受到限制，学生互动体验的机会不多，容易出现注意力不集中的现象，教师也因未能给予学生话语机会，错过了倾听学生言说的机会，忽视了生命个体的心理需要。

（三）以兼职教师为主的师资队伍无法满足学生的心理需求

虽然全国部分高校为大学生开设了心理健康教育必修课程，但其课堂教学远远没有达到心理健康教育的目标，其中的重要原因就是师资队伍的多元化及其角色定位的模糊化。

在多元化的师资队伍结构中，思想政治理论课教师沿袭马克思主义理论课和思想政治教育课教师的传统角色，基于思想政治理论课的政治性本质属性，担负着对大学生进行马克思主义及马克思主义中国化理论传授，以及社会主义意识形态和党的基本路线、方针政策的宣传和传播等重要任务，具有明确的价值导向。辅导员是另一支思想政治教育的坚实队伍，也具有明显的政治性本质属性。当这些兼职的心理健康教育教师以双重或多重身份面对学生时，会使学生和教师都逐渐淡化心理健康教育的专业属性。这样一支以思想政治教育为主的师资队伍在心理健康教育课程教学中会更多地采用思想政治教育的方法来开展课堂教学，从而忽视心理健康教育课程教学的特殊性及大学生的心理需求，无法根据大学生的心理发展规律和身心健康状况开展具有针对性地个性化教学。

（四）大部分兼职教师课堂教学胜任能力普遍存在不足

目前，承担大学生心理健康教育课程教学工作的主要师资力量为思想政治教育教师和辅导员，他们的心理健康教育专业化水平参差不齐，这样的师资队伍跨专业开展心理健康教育课程课堂教学，其教学胜任能力普遍存在不足。主要体现在，没有丰富的临床心理咨询工作经验，缺乏深入了解学生心理状态的意识，对大学生心理健康状况的深度把握不够；缺乏系统和专业的心理健康教育理论知识，在教学过程中不能在心理学框架下深入地解释学生的问题，学生的心理需求无法得到完全满足；教学内容以理论教学为主，脱离学生实际生活，对心理健康课程体验式教学方法缺乏灵活运用，课堂知识的现场生成成分较少，完整的课程目标也很难达到；大班授课运用体验式教学时对课堂的掌控能力不足，导致心理健康教育实践教学环节难以实现，影响课堂教学的实际效果及学生的教学评价。有调查表明，只有20%的大学生对心理健康教育课程教师的教学水平感到非常满意或比较满意，39%的大学生觉得一般，另有近半数的大学生感到不满意或非常不满意。教师们在课堂教学过程中面临巨大压力。当前大多数高校的心理健康教育课程教师培训主要依托心理健康教育中心，没有纳入学校人事处对教师培训的整体计划，而学校对心理健康教育经费投入不足，导致心理健康教育课程教师严重缺乏心理健康教育理论知识和课堂教学的进修培训机会，从而使心理健康教育课程教学陷入恶性循环。

（五）教学工作量大，导致教师的工作压力增加

授课教师以兼职教师为主要群体，意味着大多数兼职教师还有其本职工作要做，如辅导员要开展日常的思想政治教育管理和学生事务管理工作，思想政治教育课教师要进行思想政治理论课程的教学和科研工作，心理学专业课教师要开展心理学专业的日常教学和科研工作，这些教师还要承担300~400名学生的心理健康教育课程教学任务。大多数教师因为跨专业教学，不仅要在课前花很多时间进行备课，在课堂教学过程中要耗费巨大能量，而且课程结束后还要花费一定时间进行阅卷等，这还不包括批改平时课程教学过程中的作

业等。此外，这些教师在课余还要不断地加强心理健康教育专业知识的自我学习和系统培训等。以上这些工作内容，无形中给兼职教师增加了工作量和工作时间。心理健康教育课程专职教师的工作也不轻松，他们除了进行必修课教学之外，还要进行选修课教学，同时还承担着全校学生的心理咨询和治疗、心理危机干预、日常心理健康教育活动开展、心理普查、社团指导、日常行政管理等大量工作。心理健康教育专兼职教师在这样大的工作强度下，很容易出现心理耗竭和职业倦怠等问题。湖北省高校54.5%的心理健康教育专职教师认为当前的工作和心理压力非常大，出现了某种程度的心理耗竭。还有45.5%的教师认为工作和心理压力较大，在可承受范围之内；但没有教师认为工作很轻松，心理压力较小。

二、以预防和适应为目标的课程教学内容，忽视了学生的发展性目标

心理健康教育课程课堂教学是大学生心理健康教育工作的主要渠道，其教学内容与心理健康教育的目标紧密相连。大学生心理健康教育的总体目标是，提高全体大学生的心理素质和心理健康水平，充分开发学生潜能，促进学生人格完善和自我实现。根据教育的效应层面，心理健康教育的总目标又被具体划分为矫治性目标、适应性目标和发展性目标（也有学者将其划分为基础目标、基本目标和终极目标）。矫治性目标是指防治心理疾病，增进心理健康，重在干预和矫治，主要着眼于大学生的过去，矫正和治疗少数有严重心理障碍和心理疾病的学生。适应性目标是指优化心理素质，提高适应能力，重在预防和适应，主要着眼于大学生的现在，培养大学生对各种成长困扰的调适能力及相关适应能力，使他们学会自我心理保健，掌握有关避免和消除心理问题的原则和方法，能够自我排忧解难，游刃有余地应付生活中的各种挫折和困扰。发展性目标是指开发潜能，达到自我实现，重在发展，主要着眼于大学生的未来，充分挖掘和发挥大学生的潜能，促进大学生人格健全和完善。

心理健康教育课程课堂教学的知识目标、技能目标和自我认知目标与心理健康教育的适应性目标完全吻合。适应，包括个体对环境变化所做出的反应，也包括个体对自身身心状态的变化做出的反应。适应现象伴随环境和自身身心状态的变化而发生和发展，其最终的目的就是通过促使个体与环境达到协调匹配，实现个体自我内部的协调和统一。大学生的心理适应过程是指大学生在社会化过程中，根据他们生活和学习的内部和外部环境的变化，改变自身，或者更换环境等，使自身与环境之间达到协调和平衡，自我内部达到统一。成功的适应可以提高大学生的心理健康水平，失败的适应会使大学生产生各种心理障碍或疾病。

三、以课堂讲授为主的方法导致教学的生命意义缺失

课堂讲授是传统的也是主要的课堂教学方式，教师按照课程教学的基本要求、系统的

教学大纲等，制订适合学生现有知识体系的教学目标，然后把教学目标指引下的教学内容进行细致讲解和分析，以达到把知识传授给学生的目的。

这种传统的课堂讲授方法使教学过程一般表现为完成知识性任务，把丰富、复杂、变化的课堂教学过程简化为特殊的认识活动。在这样的课堂教学中，知识占据了主导地位，教师成为知识的讲解者和灌输者，学生成为知识的接受者和被灌输者，学生成了教师灌输知识的"存储器"，教师和学生都被知识牢牢捆绑住，教师的生命和学生的生命在课堂上，无法实现生命之间的良性互动。这种课堂教学方式忽视了师生教学过程中的多种需要和潜能，容易产生教师厌教、学生厌学的现象。知识性的课堂讲授法致使教学的生命意义缺失，主要表现在以下两个方面。

（一）课堂讲授的教法定式阻碍了学生生命的体验

学生的学习是以体悟的方式在其自身生成发展的，而不是传授与接受的简单结合，学生理解和真正获得知识，并不仅依靠教师传授的内容，而在于学生的情感和悟感，即通过自己体验获得。主要采用课堂讲授法进行教学，易使教师只关注理论知识的共通性，而忽略学生个体性特征和主观价值。客观化的教学使知识的生命养分流失，鲜活的学生生命个体在知识的课堂讲授中变成了消极的"存储器"，失去了其独特个性的生命色彩。教师过分注重纯客观化知识的课堂教学，无法体现科学知识中所隐含的丰富情感，埋没了知识的非言语特征，忽视了学生对知识的精神体验。事实上，更多的知识是以学生个体生命为参照，融入学生个体生命的情感体验和理解的，是无法用逻辑性的共通性知识统一表达的。

传统的课堂讲授法不重视学生在教学过程中的体验，教师的任务就是将标准化、统一化的教学内容传授给学生这个"存储器"，而学生只能被动地接受，师生之间的对话和互动受到阻碍，学生丧失了知识的独有体验机会。教学活动并不是师生之间简单的知识传输过程，学生只有借助体验才能获得对知识的体悟。学生通过深切体验理解了知识的意义，才能获得使自己终身受益的内容，如情感、态度、人格等。

（二）课堂讲授法忽视了学生生命的主体性

课堂讲授法源于传统的教师中心论，即教师是知识的象征，教育或教学应服从以教师为中心的系统知识的传授，目的是使教师更有效地教，而不是让学生主动地从经验中学，要使学生对教师保持一种被动的状态。课堂讲授法体现的是课程的"教程"观而不是学生的"学程"观，其主要特点是，课堂教学的主体是教师而不是学生；课程具有高度的预期性，导致课程的高度计划性；课程的教学过程就是教师完成任务和目标的过程；课程的指向是知识。这种以教师为中心的课堂教授法完全忽略了学生的主体地位。

教师主要采用课堂讲授法进行课堂教学，会使学生没有施展主体性的空间。在我国，由于师道尊严的文化传统和讲授教学的教师中心论，教师在课堂教学过程中扮演的角色以权威者和控制者居多，处于被控制地位的学生成为教师教学的配合者，缺乏足够的自主参与机会。调查研究显示，当前大学课堂上的交流一般是由教师主动发出的一种单向交流。师生交往的单向性导致学生处于被动接受或应付的状态，教师将知识全面、透彻地传授给学生的过程中，容易导致学生形成依赖心理，产生错误的认识：只有教师讲得越细致深刻，自己才能学得越好。这种依赖性会严重影响学生学习的主动性和创新性，忽视学生个体的主动性力量。

四、以教师为中心的课程教学师生关系：学生缺位

课堂教学中教师和学生的角色定位正确与否对能否促进生命的自由成长起着决定性作用。如前所述，在心理健康教育课程教学中，以知识的讲授为主要方法的课堂使教师在教学中处于控制者和权威者的地位，学生在课堂教学中缺位，师生之间情感疏离，这种教学方式不能激发学生的生命潜能。

（一）以教师为中心的师生关系导致师生之间情感疏离

课堂应是教师和学生共同交往互动和彰显生命的场所和舞台。然而，在当前心理健康教育课程教学中，教师为了高效率地完成教学任务，忽视了学生在教学中的主体地位，教师在独白式的讲授中体验着孤独，学生在被动接受知识的课堂中体验着灵魂的失落。心理健康教育课堂教学是教师主导的课堂，学生游离于课堂之外，学生的情感体验受到束缚，学生的生活世界被教师在课堂教学中遗忘。这种课堂教学使教师和学生都成了客观性知识的奴隶，教学过程缺乏生命意义，课堂无法成为教师和学生精神自由的殿堂。教师的孤独和学生的灵魂失落导致师生之间情感疏离，师生之间在课堂教学交往中普遍存在着疏远和偏见。在心理健康教育课堂教学中，每个学生带着各自"成长中的烦恼"而来，最后却带着普遍和共同的客观性知识而去。教师不能针对学生的具体心理问题进行共同探索和交流，无法深入了解学生的心理状态，如学生有什么情绪体验、存在什么心理需求等，师生之间只有知识的授受，缺乏情感的交流。教师对学生缺乏最基本的同感，即不能站在学生角度去看待学生的困扰，体会他们的喜悦和悲伤，倾听他们内心真实的声音，也不能准确敏捷地深入他们的内心世界，理解和回应他们的情感状态。学生对教师也有诸多怨言，认为教师不理解他们的内心需要，只会照本宣科讲解理论知识，学生会质疑教师的课堂教学胜任能力等。

（二）以教师为中心的师生关系不能激发学生的生命潜能

在心理健康教育课程教学中，大班教学和课堂讲授为主的教学方法使课堂上的师生关系局限于以教师为中心，学生在课堂中缺乏自主选择和自主表达的机会，处于一种被动的

生存状态，学生是教学活动的客体，学生的潜能处于沉睡状态。在大班教学过程中，教师无法为学生创设一个良好和适当的问题情境，致使学生在教学过程中的主体地位和学习潜能被忽视，学生的自主性发展和生命潜能开发受到限制。师生之间缺乏互动的交往，无法分享彼此的思考和体验，这阻碍了学生的生命发展，也阻碍了学生自主地建构自我的情感和价值，教师成了学生发展的阻碍者，而不是促进者。教师与学生的这种角色定位方式使得学生依赖和服从于教学，使教学成为被动的、依赖的过程，使学生无法主动建构生命的意义及释放生命的潜能。

（三）师生之间缺乏有深度的课堂互动，排斥对话

心理健康教育课堂教学偏重知识的灌输和课堂秩序的管制，背弃了师生之间良性互动和积极参与的期望。课堂教学胜任能力不足的教师倾向于排斥对话，而真正的对话存在于游刃有余的教学艺术上。对话是一个自我暴露的过程，在对话中，教师的专业素养将会完全暴露出来。当前心理健康教育课程的师资队伍教学胜任能力普遍存在不足，其专业知识的缺乏和专业素养的不足使他们无法将师生之间的交往对话引向深入，只能浅尝辄止，无法进入真正的对话世界，以至于本能地排斥对话，无法在课堂教学中实施和推广对话。

第三节　生命教育视野中的大学生心理健康教育课程教学构建

一、心理健康教育课程要树立关怀生命的价值取向

心理健康教育的本体价值就是促进人的生命发展，而预防学生自杀、维护学校稳定、为德育智育服务等，这些都是高校心理健康教育的工具性价值。为了更好地实现心理健康教育的本体价值，高校心理健康教育课程要树立关怀生命的价值取向，以生命为心理健康教育的基点，尊重生命的特性，使学生了解生命的意义，追求美好和幸福的生活，实现生命的价值。为了实现其关怀生命的价值，高校要尽快普及心理健康教育必修课程，并使课程覆盖全校学生；要实施小班教学替代大班教学，关怀个体生命的个性；要建立一支以心理健康教育专职教师为主的师资队伍，实现对学生的深度关怀；要明确专职教师的角色定位，关怀教师的生命。

（一）普及必修课程，覆盖所有学生

课堂教学是心理健康教育的主渠道，当前高校心理健康教育的当务之急是普及心理健康教育必修课程，并使课程覆盖全校所有学生。从2011年国家出台相关政策要求高校开

设心理健康教育必修课程至今，全国各省市高校心理健康教育必修课程的普及情况依然不太乐观，部分高校没有开设心理健康教育必修课程，还有一部分高校虽然开设了心理健康教育必修课程，但课程教学的学时不达标。

要改善当前高校心理健康教育课程普及情况不佳的现状。首先国家和政府要加强对高校心理健康教育的督导和检查力度，自上而下地对高校心理健康教育课程进行行政督导。

国家和政府不仅要出台相关政策，而且要加强对高校开设心理健康教育必修课程的情况及其效果的多方督导和检查，才能使相关政策得以有力落实。当前少部分省市已经施行了相关的评估指标体系，要求高校做好心理健康教育课程建设，开设相应的选修课，提高课程普及程度，并制定高校大学生心理健康教育评估指标，开展对高校大学生心理健康教育工作的评估。但是，截至目前，我国大部分省市暂时还没有施行相应的评估和督导指标体系。要使高校普及心理健康教育必修课程，全国所有省市不仅要出台相关政策，而且要制定相应的评估体系进行督导检查，评估指标中需包含关于课程教学指标体系的评估等，通过以评促建、以评促改，定期对高校心理健康教育课程教学进行考核评估，促进心理健康教育课程的可持续发展。除此之外，各省市还应给予高校心理健康教育相应的政策倾斜和资金扶持，以推动和激励各高校开设心理健康教育必修课程。

其次，提高高校领导或管理决策者对心理健康教育课程教学重要性的认识。全国各省市高校心理健康教育课程发展水平参差不齐，与各省市政府和高校领导或管理决策者对高校心理健康教育的认识水平有很大关系。政府和高校领导或管理决策者对大学生心理健康教育必修课程重视程度的高低是其能否深入开展和落到实处的关键。

要推动高校心理健康教育必修课程科学、有效建设，就必须转变政府和高校领导或管理决策者的教育理念，使高校领导或管理决策者从人才培养的高度认识到大学生心理健康教育必修课程开设的重要意义，认识到心理健康教育必修课程是大学生心理健康教育的主渠道，认识到心理健康教育必修课程在教学体系中的重要位置，把心理健康教育必修课程纳入全校人才培养体系，制订出新的人才培养方案，覆盖全校学生。

（二）实施小班教学，关怀个体生命

除了要普及心理健康教育必修课程，覆盖所有大学生外，还要实施小班教学，关怀学生的个体生命。当前高校普及心理健康教育必修课程基本上以大班教学为主，班级规模为100~250人，大班课堂的教学效果甚微。有专职教师进行课堂教学实践比较后发现，心理健康教育课程小班教学效果更好。

从严格意义上来说，50人规模的班级教学并不是小班教学。小班教学的一个突出特点是班级规模小，目前，美国、英国、德国、加拿大等国家的小班规模是25个学生左右。当前我国高校的行政班级规模为30人左右，但在实际教学过程中，采用的是合班教学，如2个班合并、3个班合并、4个班合并等，也就是说，高校课堂教学班级实际人数为60

人、90人、120人,甚至更多。相较于100~200人的大班课堂,50~60人的班级教学可以被称为规模较小的小班教学。小班教学可以使教师更容易关注到每一位学生的个性和心理,使师生之间的体验与互动更加充分。

(三)建设一支以专职教师为主的师资队伍,实现对学生生命的深度关怀

当前高校心理健康教育课程师资的短缺及复杂多元化,给心理健康教育必修课程的普及和发展带来了很大困难。大部分高校心理健康教育专职和兼职教师比较缺乏,导致目前的教学班级设置为大班,课堂教学方法以理论讲授为主,学生的实际操作、积极练习和心理体验较少,不能兼顾学生的个体性差异,影响课程的教学效果。以专职教师为辅、兼职教师为主的心理健康教育课程师资队伍淡化了心理健康教育的专业属性,兼职教师的心理健康教育课程教学胜任能力普遍不高,缺乏系统的心理健康教育培训等。因此,要实现对学生生命的深度关怀,就必须不断提高心理健康教育专职教师和学生之间的师生比,增加心理健康教育专职教师的编制,建设一支以专职教师为主、兼职教师为辅的心理健康教育师资队伍。全国各高校要贯彻落实教育部和政府的相关文件精神,按师生比1∶3000配备从事大学生心理健康教育的专职教师,有条件的高校还可不断提高该师生比。高校通过缩小班级规模,实现真正意义上的小班教学;通过不断加强心理健康教育专职教师课堂教学能力培训,使教师按照心理健康教育课程的教学规律,合理运用教学方法,增加学生的心理体验,使学生能够通过课堂学习不断思考人生的意义和价值,获得强烈的心灵震撼和触动。

除此之外,无论是专职教师还是兼职教师,都要保证师资队伍的稳定性。高校要培养一批学术造诣较高又有实际工作经验的专职教师,不断稳定和优化师资队伍结构。

高校一方面要鼓励专兼职教师积极参与心理健康教育科研工作,加强理论研究,提高科学素养,将实践经验上升到一定的理论高度,科学、规范地开展心理健康教育课程教学工作,另一方面要鼓励专兼职教师参与学生的心理咨询工作和日常教育管理活动,通过积累实际工作经验,了解不同环境下不同性别、不同个性大学生的心理发展规律,根据大学生的心理发展特点,设计针对性强的教学内容,提高心理健康教育课程教学的效果,满足学生的生命发展需要。

(四)明确专职教师的角色定位

明确心理健康教育专职教师的角色定位,有利于发展心理健康教育的专业属性,提高专职教师的归属感。当前很多心理健康教育专职教师岗位为行政岗,他们经常被其他部门或科室"借用",开展与心理健康教育专业不相关的工作,严重影响专职教师的工作积极性。心理健康教育专职教师的主要职责包括以下六个方面的内容:一是进行个体心理咨询和团体心理辅导,个体心理咨询和团体心理辅导是心理健康教育专职教师的基础工作,有

心理问题、心理障碍和心理疾病的学生急需专职教师的个体心理咨询和团体心理辅导，专职教师应帮助他们走出心理困境。二是开展课程教学，课程教学是心理健康教育的主渠道，课程教学工作是心理健康教育专职教师的主要工作，专职教师通过开设必修课或选修课等，不断更新教学内容，创新教学方法，提高个人的课堂教学技能等，实现心理健康教育的发展性目标。三是课外活动指导和策划，很多高校通过"心理文化节""心理健康教育月""5·25心理健康日"等活动形式开展心理健康教育课外活动，心理健康教育活动具有一定的专业性，专职教师要加强对课外活动以及心理社团的指导，提高心理健康教育课外活动的有效性。四是心理危机干预，即对存在心理危机的学生第一时间进行心理干预，对心理危机预警学生进行定期跟踪和回访等，预防学生自杀，维护学校的安全稳定。五是科学研究，对心理健康教育工作、大学生的心理发展特点、大学生心理健康状况等进行科学研究，掌握心理健康教育工作和大学生心理发展的规律。六是心理咨询中心的其他日常事务，如中心的宣传工作、心理咨询的安排和预约工作、各级各部门检查的准备工作，当然也包括对新生的入学心理普查等工作。

在明确专职教师的工作职责之后，要进一步明确专职教师的教师身份。当前大多数高校将专职教师纳入行政编制，这不利于专职教师的专业化发展。要明确专职教师的教师身份，第一，学校人事处要将心理健康教育专职教师设置为教师岗位，进行单一的教师考核，而不是进行行政考核，也不是进行行政和教师的双重考核。第二，心理健康教育专职教师可以参加教师系列的职称评定，如将心理健康教育专职教师纳入思想政治教育教师系列进行职称评定等，为专职教师的职业发展提供渠道。第三，将心理健康教育专职教师纳入教师系列人才培养计划，由人事处统筹经费，加强对专职教师的长期培养和培训。第四，要根据心理健康教育工作的性质和内容，配备比例合适的专职教师队伍。通过以上措施，除了可以不断稳定心理健康教育专职教师队伍，避免专职教师的大量流失外，更重要的是可以使心理健康教育专职教师做好个人的职业规划，明确个人的专业归属性，有效缓解工作压力和突破职业发展瓶颈，激发专职教师的生命活力和工作热情。

二、心理健康教育课程要综合其适应性目标和发展性目标构建教学内容

当前高校心理健康教育课程以预防和适应为目标建构课程教学内容，适应是心理健康教育课程的基础目标。大学生心理健康教育课程的基本目标就是让大学生积极适应大学学习，适应大学生活，适应人际交往，适应身心变化，表现出与学习环境、生活环境、人际交往环境变化相适应的心理和行为。适应性的心理健康教育是心理健康教育不可缺少的一部分。但是，心理健康教育并不仅是适应性教育，适应并不是心理健康教育的终极目标，促进学生生命的主动发展才是心理健康教育的终极目标。心理健康教育的发展性目标并不排斥其适应性目标，相反，心理健康教育发展性目标的实现是以其适应性目标的实现为前

提和基础的。皮亚杰认为，适应对个体的智慧发展具有积极促进作用，适应的本质是生命主体通过同化和顺应两种途径获得自身与环境之间的平衡。

（一）心理健康教育课程要以适应性目标为基础构建教学内容

适应是每个生命个体共同面临的课题。大学生的心理适应与其处于成年早期的心理发展特点密不可分。美国学者亚瑟·奇克林在对大学生进行长达四年的跟踪研究之后，提出了大学生心理发展的七部分发展内容。这七部分发展内容主要涉及大学生四年大学生活中的各种成长困扰和能力发展，也是大学生适应性心理教育的主要内容。第一部分是发展能力，包括智力能力、体育运动技能、手工技能和人际交往能力。智力能力包括在社会科学、人类学和自然科学方面获取信息的能力、敏锐的思维能力、语言表达能力、批判思维能力；体育运动技能和手工技能，一方面是发展爱好，另一方面是为职业做准备；人际交往能力主要指团队合作能力。第二部分是情绪和情感管理。第三部分是大学生适应与自我管理。第四部分是成熟的人际关系，包括两个主题——恋爱与性。第五部分是自我意识，包括自我意识发展和人格发展。第六部分是目标，即生涯规划，涉及未来职业定向、个性兴趣取舍和婚姻价值观。第七部分是信仰，包括价值观探索和生命教育。综上所述，适应性大学生心理健康教育课程教学内容包括九大主题，具体为大学适应与自我管理、大学生情绪和情感管理、大学生学习能力、大学生人际交往、大学生恋爱与性、大学生自我意识与人格、大学生生涯规划、大学生价值观探索和生命教育以及大学生兴趣爱好与闲暇教育。除了大学生兴趣爱好与闲暇教育主题之外，当前高校心理健康教育课程基本上涵盖了以上适应性的心理健康教育内容。

（二）心理健康教育课程要以发展性目标为核心构建教学内容

发展性大学生心理健康教育以发展每一个大学生为目标，以大学生的全面发展为目标，以大学生的一生发展为目标，其追求的是为大学生的终身发展奠定基础。心理健康教育的发展性目标与积极心理学的教育目标完全一致。长久以来，人们对心理健康教育目标的认识局限于消除、治疗心理障碍和心理疾病，强调其预防性和治疗性的目标。随着人们对心理健康教育功能和价值认识的深化，积极心理学逐渐进入心理健康教育工作者的视野，积极心理学主张教育目标回归到"促发展"的积极取向，主张拓展学校心理健康教育的积极内容。积极心理学致力于使人的生命变得更有价值和更有意义，积极心理学家斯蒂格认为，个体只有积极地寻找生命意义，才能在这个过程中获得真正的快乐与满足，拥有有意义的人生。个体想要获得生命的意义，其最好的方法就是关注个体自我成长的积极作用。在积极心理学视野下开展心理健康教育课程教学与其关怀生命的价值取向不谋而合，即培养具有积极的生活方式、富有生命活力的健康的大学生。

因此，高校心理健康教育课程要在其适应性教学内容基础上，融合积极的、发展性的课程教学内容，其主要教学内容如下：第一，大学生心理健康与幸福人生，帮助学生树立正确的心理健康观念，了解幸福感的内涵，体验主观幸福感，认识到心理健康是收获幸福的必要条件，掌握幸福的各种方法。第二，积极的情绪和情感体验，使学生了解积极情绪和情感的特点及发展规律，通过课堂活动帮助学生体验积极情绪，培养学生的享乐能力，增进沉浸体验。第三，积极的思维，使学生了解乐观的原理及乐观主义的内涵，培养学生的乐观思维和态度，掌握乐观的方法。第四，良好的性格，使学生掌握人类的六大良好性格力量和24个性格力量因子，培养自我效能感和积极人格，学会使用标志性的人格力量。第五，生命的价值，使学生了解价值的内涵和分类，建立符合学生个人价值取向的生涯规划，探索生命的价值和意义，助力学生美好生活的实现。第六，发展成熟的专业兴趣，使学生对某个专业有更深层次的智力和情感投入，从而促使自己在某一领域成为专家。第七，积极的人际关系，使学生了解积极的人际关系类型以及影响良好人际关系的因素，掌握建立积极人际关系的技巧。第八，积极的爱情和婚姻，使学生了解爱情的种类，学习保持良好恋人关系和婚姻关系的策略。以上八项主要内容可以总括为四个方面，即促进积极认知发展内容、促进积极人格发展内容、促进积极体验感受内容和促进积极关系建构内容。

三、在心理健康教育课程中开展体验式教学

课程一般具有三种含义：一是课程作为学科，既指一门学科和一类活动，也指所有学科及活动的总和；二是课程作为目标计划，指教学过程要达到的目标、教学计划及以学生心理体验为主的课程，有自己的特殊属性，其教学目标不仅是使学生掌握心理健康的理论知识，更重要的是促进学生的心理发展，注重学生的体验和经验，不将知识传授作为唯一目的。三是课程即学习者的体验，体验是大学生心理素质形成的十分重要的因素。从心理学上来讲，体验是指主体亲身经历的、以情感为核心、生成意义的内心活动，它不仅仅是情绪情感的活动过程，也包括感知、思维等心理过程。在心理健康教育课程教学中，既不是通过理论知识的空洞讲授，也不是通过单纯的行为训练，而是通过学生个体的亲身经历的活动，去体验事物，并进行内化，从而形成学生自己的心理素质。德国哲学家威廉·狄尔泰认为，体验是对经验带有感情色彩的回味、反刍和体味，学生通过体验坚定了信念，最后规范了行为，形成了心理品质。因此，对心理健康教育课程，要开展体验式教学促进学生心理素质的形成和生命的发展。实证研究结果表明，在大学生心理健康教育课程中运用体验式教学模式是必要和可行的，相对于传统讲授式教学，心理健康教育课程体验式教学更能让学生满意，也更为有效，在优化大学生心理素质、提升大学生心理健康水平上具有显著效果，值得进一步推广。体验式教学在课堂教学中既表现为一种教学理念，也表现为一种具体的教学方法。

（一）作为一种教学理念的体验式教学

体验式教学是基于生命的教学。体验是人的生命的体验，体验强调个体生命在亲身经历中产生内心感受。体验教学体现出心理健康教育课程的本质特征，即促进学生的生命发展。学生通过体验不断领悟世界的意义和生命存在的意义，不断激活着生命，确证着生命，丰富着生命。

体验式教学是个体性的意义生成教学。在体验式教学中，学生通过自我的理解、感受和建构，形成自己对事物独特的情感感受和意义。体验的生成具有个性化的含义，即个体的独特性，它被赋予了体验者自己的需要和价值取向、认知和情感特点等生命个体性的色彩。狄尔泰也认为，生命体验是对处于历史关联域中的个体生命的独特体验。学生个体会对与自己相关联的体验产生积极情感、深入理解和丰富联想，并生成独特的意义。因此，体验式教学不仅产生情感，促进理解和联想，而且生成意义。长久的体验式教学，不仅可以形成学生的行为方式和行为倾向，甚至可以养成学生的人格特征。

体验式教学是师生生命成长的一种历程。体验式教学是师生的一种生命活动或历程，是师生以全部生命投入教学中，在与自我、他人生命和世界的相遇互动中感受生命、发展生命。学生通过参与体验式教学，可以不断地超越当下的自我和当前的环境，并构建一个全新的自我，实现个人存在的生命价值。教师通过体验式教学实践，使学生的学习更有效果，使学生的生命得到更好的拓展，教师也因此感受到工作的意义和生命的价值，这些都会影响教师对职业的感受、态度和专业水平的发展及其生命价值的体现等。

（二）作为一种教学方法的体验式教学

在课堂教学中，感知和活动是学生形成体验的两种直接途径，体验式教学法中学生主要通过参与课堂活动获得对事物的感知和体验。体验式教学是以学生为中心，以直接经验为内容，以实践活动为载体，以促进学生生命成长为目标的课堂教学方法。体验式教学重视从学生的直接经验而不是间接经验来设计教学过程，强调学生在直接经验的体验中主动探索自我的心路历程，获得精神的成长。体验式教学以实践活动为主要载体，体验首先是实践，是学生对世界的主动作用和价值赋予。体验式教学活动既可以在课堂内，也可以在课堂外进行，但必须是有目的、有计划、有组织的实践教学活动。

体验式教学的本质特征是突出主体性，即强调学生在教学活动的主体地位，学生作为具有独立人格的个体和实践活动的主体，是教师和知识无法替代的。教师在教学活动中不再是控制者和权威者，而是与学生平等的倾听者和帮助者，是教学过程的组织者和促进者，其主要任务是创设一种和谐的课堂氛围。学生在课堂教学中具有主体性和独立性，其在教学过程的主要任务是探索价值观，获得情感体验等。学生主体意识的唤醒和主体作用的发挥与体验式教学活动相伴随，学生通过积极地参与和主动地探索成为主动自觉的心灵塑造者。此外，体验式教学要覆盖全体学生，做到全体性和个体性相结合，即在教学设计上，既要面向全体学生，着眼于全体学生的共同需要，做到人人都能参与活动、讨论和思考，又要在教学的细节设计和活动安排上，兼顾学生的个体差异性，比如在教学过程中进行差异性反馈等。

心理健康教育课程的教学与一般专业学科教学有很大差别，其教学形式具有较强的灵活性。心理健康教育课程可运用的体验式教学形式丰富多样，具体可表现为以下五种。

一是情境体验法。情境体验是指教师根据教学主题和学生具体的心理问题，创设适宜的活动情境，鼓励全体学生积极参加，使学生获得丰富的心理体验。教师设计情境应理论联系实际，使情境易于操作，意义深刻。如在大学生心理咨询相关章节，可以安排全班学生到心理健康教育与咨询机构参观并进行实践体验。通过该活动体验，学生一方面通过参观心理健康教育与咨询机构的场地设施，了解心理咨询预约方式、保密原则和心理咨询师的值班安排等，认识到学校心理咨询的资源，另一方面通过亲身感受心理咨询室的环境氛围或预约咨询体验，增进对心理咨询的了解，改变对心理咨询的排斥心理。

二是角色体验法。角色体验法指教师在课堂中创设一定的仿真情境，学生在情境中扮演相应的角色，在角色互动中获得心理体验。在角色扮演中，学生能亲身体验和实践他人角色，在角色互换中进行换位思考，理解他人的处境，体验他人的情感，化解个体内心的矛盾冲突，获得合理有效的处事方法，形成特定的心理品质与行为习惯。如在生涯规划相关章节设置模拟应聘面试情境，在人际关系相关章节设置室友人际冲突情境等角色互动体验。

三是问题或案例讨论体验法。问题或案例讨论体验法是指教师根据教学主题设计相应的教学案例或问题，创设自由愉快、畅所欲言的轻松气氛，组织学生进行积极讨论和理性分析，在讨论中使学生创新思维，更新观念，获得对心理健康教育知识的深度理解，提高大学生解决心理问题的能力。它常运用于人生探索和价值观澄清等心理健康教育主题教学中。

四是心理剧式体验法。心理剧在本质上是一种心理治疗方法，它是指通过团队成员创造性地参与表演，将心理事件通过一种即兴与自发性的表演方式表达出来。在表演过程中，参与者可以表达出无法用言语描述的复杂情感状态，使情绪得以表现和释放，在演出之后有助于减少心理的防卫，并能有效地唤起创造力、自发性和想象力，提升自我的洞察力，进入深层的自我认识，进而发展出健康的、积极的、富有建设性的新行为。如反映自我探索的《我的人生我做主》、反映恋爱心理的《该不该放弃她》、反映学习挫折的《拯救网瘾室友》等心理剧，学生通过对不同角色进行理解、想象和扮演，体验自己对特定事件的感受，获得对生活的丰富体验，加深对问题复杂性的认识，建构积极的生活态度和方式。

五是团体活动体验教学法。这是将团体心理辅导运用于课堂教学中的一种方法。在团体辅导活动中,教师通过创设轻松氛围、游戏互动、探寻自我、角色扮演、分享讨论等团体活动,使学生获得对心理健康教育理论的知识性理解和心理调适技能的实践应用。

(三) 以心理剧课堂表演为例在心理健康教育课程中开展体验式教学

心理剧课堂表演强调学生的投入,需要学生积极主动地参与,还需要师生、学生之间积极的人际互助,即学生既是受助者,又是助人者。在心理剧的表演体验中,学生会不自觉地加深对问题的理解和认识,增强体验,达到自助的目的。

大学生心理健康课程心理剧课堂表演可以分为以下五个环节。第一个环节为组织小组,所有学生以小组形式集中入座,选取并固定活动场所,相互介绍,创设融洽氛围,了解小组各成员的兴趣、爱好、特长,明确小组组长和其他各组员的责任与义务。第二个环节为课堂表演分工,小组组长根据各组员的兴趣、爱好和特长分派任务,包括编写心理剧本、准备道具、表演等,表演主题与课堂教学主题相关,如人际关系、恋爱、自我认识、生命教育、挫折应对等,反映角色的内在心理冲突和心理调整过程。第三个环节为课外表演排练,小组成员进行角色的分配与演练,在排练过程中,剧本作者、小组表演成员根据预演情况进行剧本修改,教师指导表演技巧。第四个环节为课堂表演,各小组依次进行表演。第五个环节为个人成长交流与反思,小组成员间进行个人成长交流和自我评价,集体分享表演后的感受,教师点评体验感受,引导学生进行深度分析。这五个环节的教学设计兼顾了课内和课外空间,如第二、第三个环节可以在课外完成。

教师开展体验式教学应根据课堂时间限制精心设计教学过程。由于大学心理健康教育的课时有限,在有限的课堂时间内,既要充分开展与学生之间的深度交流,又要完成课程教学计划中的知识和技能内容的讲授,往往产生新问题,需要对课程内容和课堂表演设计进行处理。为使心理剧课堂表演达到预期目的、实现教学目标,需要教师精心设计、监控与临场灵活应变,比如拓展课外教学时空,在课外进行小组分工和表演排练等,将课前、课中以及课后活动融为一体。同时,为了扩大学生的参与面,课堂表演设计时应考虑尽可能让全班学生都参与表演的教学环节。

心理剧本的编写和课堂表演存在三个层次。一是学术性任务。在大学生心理健康课程教学中,选取的问题直接来自学生的心理健康领域,使学生对心理健康知识进行有意义的学习,剧本编写要体现课堂教学中的某个主题内容,这样可促使学生对所选主题进行深入理解。二是情节性任务。剧本的编写和表演应取自真实生活,让学生在基于现实的或幻想的情节中扮演这些角色。三是真实性问题。心理剧本中体验的问题应都是大学生在日常生活中会遇到的,通过体验真实性问题,学生可以走出课堂,采取行动,对自己的心理发展过程和情绪感受等进行深刻体验。

心理剧课堂表演强调表演主体的自我感受和心理成长。课堂表演是学生的一种学习行为,而不是真正的舞台演出。在表演的过程中,师生参与剧本编写、心理问题的设计、表演的欣赏和评价，使学生进一步理解了相关课程主题的内容，这种动态生成过程使课堂表演具有较高的教学价值。

体验式教学是指教师授权学生负责学生自己的学习。当教师通过授权，把自己的权威转让给学生，让学生自己负责自己的学习时，教师作为促进者的目的就达到了。教师和小组组长都可作为促进者，都需要具有高度的责任心、奉献精神以及高度的教育自觉性。有效的小组活动包含组织活动、分配职责、分解复杂任务以及提供有效的活动反馈，学生在小组活动中可以学会如何利用最佳时间和资源。

在心理剧课堂表演教学活动中，学生自己设定学习目标，并开展实现目标的活动。心理剧课堂表演是一种个性化教学的实践，它以学生为中心，充分尊重学生的自主权，尊重和培养学生的学习风格，它以一种直观、自然、形象的方式引导学生获得真实的感受和情感体验。心理剧课堂表演以人及人的生命为出发点，使课堂教学更加关注生命本身，关注生命的鲜活性、体验性、独立性和主体性，丰富学生的精神世界，解放学生的内部力量，发掘学生的生命潜能，使学生获得丰富的内心体验。

在心理健康教育课程中开展体验式教学并不是偏重技能化取向，这与在心理健康教育课程中采用课堂讲授法的理论化取向一样，都会走向误区。理论化取向偏重心理健康教育理论知识的讲解和大学生心理健康教育理论素养的提高，而技能化取向偏重大学生各种心理问题的解决和心理适应实践技能的提高。心理健康教育课程应将两者进行结合，构建体验式教学法和课堂讲授法相结合的课堂教学方法，设计理论知识和实践技能相结合的课程教学内容，制订适应性目标与发展性目标相结合的课程教学目标。

四、对话的师生关系：共历生命成长

当前高校心理健康教育课程教学以课堂讲授为主，实施大班教学，以教师为中心的师生关系导致教学过程中学生缺位，学生生命不在场，教师在教学过程中过分关注知识的传授，对学生的生命体验较少。高校心理健康教育课程教学要实现其关怀生命的价值取向，一方面，教师要从知识的传授者转变成生命的促进者，另一方面，学生要从知识的接受者转变成生命的体验者，真正实现师生之间的对话，使教师和学生在课程教学过程中共历生命成长。

（一）教师要从知识的传授者转变成生命的促进者

知识本位的教师观对教师的课堂教学影响深远，在备教材、备学生和备教法的备课过程中，学生往往是被忽视的对象，这种模式下的教学目的基本上等同于书本知识的传授。特别是在心理健康教育课程大班教学中，大多数教师在备课时没有深入地了解学生的身心健康状况。这需要我们从教育的原点去思考，心理健康教育课程教学的对象是什么，以及心理健康教育课程教学的任务是什么。心理健康教育课程教学的对象是大学生，是具体的个体生命，不是课本，也不是知识，传授心理健康知识只是课程教学的工具性价值，其本体价值是促进大学生生命的发展。所以，心理健康知识的传授不应是教师的目的，发展生命、成全生命、完善生命才应是其根本目的。由此可见，心理健康教育课程教师不应是知识的传递者，而应是生命的促进者和缔造者。教师们要认识到，自己承担的责任并不仅是传递历史文化知识，更是创造和生成新的精神生命，既包括学生的，也包括教师本人的。教师的角色不是知识的"传声筒"，也不仅仅是促进学生生命发展的工具，更应是意义再生、展现自我的生命创造者。心理健康教育课程教师通过课程教学，一方面教会大学生保持身心健康，养成积极的生活方式，享受生命过程，丰富大学生生命的内涵，另一方面，也使教学过程成为教师生命意义的实现过程和生命历程。

（二）学生要从知识的接受者转变成生命的体验者

学生如果只是一个知识的"存储器"，将无法实现个人的生命成长。在教师成为生命的促进者的同时，学生将不再是知识的接受者，而变成了生命的体验者和践行者。当心理健康教育课程教师发挥教育智慧，为学生提供安全情感的呵护，及时觉察学生的困惑和疑虑，使学生产生了自由诉说和表现的欲望，学生想说、想听、想看、想动的欲望会变得更强烈，他们通过大胆的想象、活跃的思维、丰富的体验来表达对生命的理解，其生活世界和书本知识逐渐融为一体。学生通过与教师生命的相遇而达到共享知识和智慧的价值，从而提升自我生命的质量，获得自身生命存在的意义。学生的认知过程必须融入生命体验，才能获得生命意义。学生在体验中获得知识，通过体验将知识内化为自身的价值、态度和信念。当知识进入学生个体的经验，变成其生活智慧时，学生才能真正地丰富自己个体的生命。学生亲自经历和亲自体悟，使学习和知识进入了其生命领域，学生的学习过程就变成了生命体验、生命成长和生命丰富的过程。

（三）教师和学生在对话中共历生命成长

雅斯贝尔斯曾说，教育是人与人主体间的灵肉交流活动，是生命之间的对话活动。作为生命促进者的教师和作为生命体验者的学生在教学过程中形成了平等的对话关系。戴维·伯姆认为，对话能够在人们之间形成某种共享的意义。在课堂教学中，教师和学生以知识和活动为共同的互动载体，通过协商、参与、合作、对话，共历生命成长，生成主体间的意义。叶澜指出，对教师和学生而言，课堂教学都是生活的基本构成部分，课堂教学应被看作师生人生中的一段重要的生命经历，看作生命的有意义的构成部分。师生在这段重要的生命历程中，形成一种共有共享的精神能量，从而产生对意义的识别和共享，实现生命能量的流动互换。参与这段生命历程的师生将共享师生群体的全部意义，达成各自生命的成长。

第五章 生命教育视野中的心理健康教育课外活动

第一节 大学生心理健康教育课外活动现状

活动是生命过程的本源意义之一，培养个性生命的过程实质上也是活动的过程。国内外关于活动理论的研究发现，活动对人的心理发展具有重要作用。大学生心理健康教育课外活动是指高校在课堂教学以外有目的、有计划、有组织地对大学生进行的多种多样的心理健康教育活动。心理健康教育课外活动具有教育意义，它要解决的是学校人才培养中的特殊性问题，即培养和发展学生的个性。

课外活动为大学生个性发展创造了广阔空间，它不受教学计划和教学大纲的限制，能够容纳丰富多彩的内容和灵活多样的形式，是大学生进行自我教育的重要途径。

2021年7月7日，教育部办公厅为进一步提高学生心理健康工作的针对性和有效性，切实加强专业支撑和科学管理，着力提升学生心理健康素养，发布了《关于加强学生心理健康管理工作的通知》。通知明确指出，高校应面向全体学生开展心理健康教育活动，不断创新心理健康教育活动形式，拓展心理健康教育途径，充分发挥广大学生在心理健康教育工作中的主体作用。本书作者在对高校专职心理健康教育教师的访谈和问卷调查中发现，所有高校基本上都开展了心理健康教育课外活动。

第二节 大学生心理健康教育课外活动开展情况

一、高校开展心理健康教育课外活动的特点

课外活动是培养学生良好心理素质的有利场所。丰富多彩的心理健康教育活动不仅增加了学生获得知识的途径，还将学生获得的知识与实际生活紧密联系，激发了大学生强烈的好奇心和求知欲，有助于大学生独立探索和发现自我，为大学生提高心理健康意识奠定了广泛的基础。由于课外活动的内容具有广泛性，且方法具有灵活性，当前高校普遍都开展了心理健康教育课外活动。

这些心理健康教育课外活动的一个突出的特点是行政力量作用明显。绝大多数高校的心理健康教育机构挂靠在学工处、校团委等学生工作部门，学校学生工作部门与院系学生工作部门是一种上级与下级的关系，学校学生工作部门对院系开展的各项学生工作有行政命令和目标考核的性质。学校学生工作部门所属的心理健康教育机构下发的各种关于心理健康教育活动的策划对院系和学生来说具有明显的强制性，因此，当前院系和学生开展心理健康教育活动的主要动力来源于学校学生工作部门对该项工作的行政主导力量。有三所高校的心理健康教育专职教师认为，在他们所在高校的心理健康教育课外活动中，行政力量发挥着重要作用：

　　"我们开展心理健康教育课外活动至今有十来年了。在学校心理咨询中心成立以后，每年都开展一次全校性的'心理健康教看月'活动，活动形式基本不变，如心理健康教育讲座、知识宣传、主题班会等。前些年，学校不太重视心理健康教育工作，学校下发通知要求院系开展心理健康教育课外活动，只有少数学院会认真组织并积极参与活动，大多数学院比较敷衍。近些年情况好很多：一是学校越来越重视心理健康教育工作；二是院系心理问题学生的比例越来越高；三是学校和院系会给予一部分经费支持。院系心理健康教育活动方案的执行力度比以前要大很多。"（来自访谈记录）

　　"课外活动的学生普及面较大，成本不高，我们中心一直坚持开展心理健康教育课外活动。加上这项工作被纳入院系年终思想政治教育工作考核体系，院系也不敢怠慢该项工作。"（来自访谈记录）

　　"我们学校每年都开展心理健康教育课外活动，我们心理健康教育与咨询中心的老师通过到校外学习交流、借鉴经验等，举办了形式多样的活动，效果也很明显，但院系开展心理健康教育课外活动的积极主动性不够。我们中心没有专项经费，无法给予经费支持，也没制订指标评估和考核课外活动。"（来自访谈记录）

二、心理健康教育课外活动的组织管理

　　组织课外活动主要有以下三种情况：一是由学校统一组织开展全校性心理健康教育课外活动，督促院系学生广泛参与各项活动。大多数高校都是由学校心理健康教育机构举办"心理健康教育月""心理文化节""心理健康日"等活动，形式包括主题班会、大学生校园心理剧大赛、大学生心理健康知识竞赛、知识讲座、团体辅导、素质拓展等。二是学校统一组织和院系学生自发组织相结合开展心理健康教育课外活动。学校统一组织心理健康教育课外活动具有刚性规定，要求院系学生必须参加各项活动，而院系学生自发组织的心理健康教育课外活动自由性则比较大。院系对学生开展各种心理健康教育课外活动没有明确限制，只做一些柔性要求。三是大学生心理卫生协会自发组织开展一些心理健康教育活动。结合以上两种或三种形式开展心理健康教育课外活动的高校一般都比较重视心理健康教育工作，而只采用第三种活动形式的高校则不太重视心理健康教育工作。作者在走访和

访谈中发现，大多数高校采取第一种组织管理形式，采取第二种和第三种组织管理形式的高校占少数。

三、心理健康教育课外活动的经费

心理健康教育课外活动的经费与学校心理健康教育工作的经费拨款情况一致。心理健康教育工作经费比较充裕的学校，会从多方面对心理健康教育课外活动给予经费赞助，如学校心理健康教育机构会举办一些高水平的心理健康教育讲座，印刷宣传册等加强心理健康知识的宣传；会安排一定比例的经费对院系心理健康教育课外活动进行评比；会对心理卫生协会给予拨款，鼓励他们开展一些课外活动；会支出经费对课外活动的学生组织者进行系统培训等。心理健康教育工作经费不足的高校，心理健康教育课外活动的经费受到限制，由于缺乏经费支持，加上学校课外活动种类繁多，院系和学生投入心理健康教育课外活动的精力和时间明显不足。因此，比较重视心理健康教育工作的高校会把心理健康教育课外活动当作一项思想政治教育工作，从上而下强制性要求院系和学生开展课外活动，而不太重视心理健康教育工作的高校则由心理卫生协会自发组织开展一些心理健康教育课外活动或者不开展任何课外活动。当前心理健康教育工作经费比较充裕的高校比例不高，绝大多数高校心理健康教育工作经费不足。

四、心理健康教育课外活动的群体特征

在当前许多高校中，由于心理健康教育资源有限，全校性或班级性的心理健康教育课外活动因其具有群体覆盖面广、效率高等优势，在所有心理健康教育课外活动形式中所占比例较大。全校性或班级性的心理健康教育课外活动覆盖群体主要为大一学生。大一学生是课外活动开展的主要群体，这与大学生的心理发展特点有关。在关于大学生心理发展的理论研究中发现，大一学生是参与各项课外活动、社团活动的主要群体。大一学生也是参与课外活动最多，参与时间最长的群体。

覆盖面较窄的团体辅导活动或素质拓展活动等，学生群体呈现多样化，大一到大四的学生都有。比如，具有矫治性的团体辅导活动，一般由教师领导，团体成员由招募人员组成，异质性较大，各年级的学生都有，团体成员的某些背景或个人特质也有很大差别；具有竞赛性质的心理健康教育课外活动，学生群体会覆盖部分大二、大三学生。

五、心理健康教育课外活动的主要形式

根据心理健康教育课外活动的规模大小，高校心理健康教育活动的形式可分为小组或团体辅导活动、班级活动和全校性活动。

(一) 小组或团体辅导活动

小组或团体辅导活动既包括由教师带领的团体辅导活动，也包括由学生带领的朋辈团体辅导活动。由教师带领的团体辅导活动具有明显的矫正性质，主要面向部分存在某些心理困惑的学生，由教师进行招募并组建团体。由于高校心理健康教育专职教师有限，所以，由教师带领的团体辅导活动数量有限，覆盖面不大。由学生带领的朋辈团体辅导活动是发展性的团体活动，面向团体中的所有学生，主要通过活动为每一个学生提供发展机会，使学生的心理潜能得到发掘，比如针对大一新生的"新生适应成长团体"等就属于这一类。朋辈团体辅导活动针对性强，覆盖面广，时效性强，简便可行。朋辈团体辅导是指由经过系统培训的朋辈心理辅导员作为团体领导者，以大学生团体为单位，以活动为载体，通过团体成员的自我体验、成员间的相互分享，达成促进每位成员生命成长和发展的目标。所有学生可以根据自己感兴趣的主题有选择性地参与，学生具有自由性和自主性。朋辈团体辅导的地点可以选择教室、会议室或活动室等，每一个团体的人数控制在10~15人。心理健康教育重视的是大学生自身的感悟和体验，通过朋辈团体辅导这种小团体人际交互作用的方式，可以促进学生的自我认识、共同分享，获得生命成长的能量。

小组或团体辅导活动在课外活动中所占比例较小，主要原因在于：一是教师带领下的团体辅导活动覆盖面很窄；二是高校心理健康教育专职教师有限，教师对团体辅导投入的时间和精力不够；三是高校不太重视朋辈团体辅导活动。在作者走访的高校中，大多数高校都举办了教师组织的团体辅导活动，但数量不多，只有极少数高校推行朋辈团体辅导活动，对朋辈辅导员进行团体辅导系统培训并推广朋辈团体辅导活动。

(二) 班级活动

在当前大多数高校中，班级依然是学校的基本组成结构，因此，高校的一部分心理健康教育课外活动是以班级为单位展开的。班级除了具有一般社会组织的共性外，还具有自身的独特性，即教育性。班级组织的功能在于育人，其目标是促进班级组织内部所有成员的成长和发展。班级是学生心理发展最贴近的成长环境，适合实施心理健康教育。在班级心理健康教育活动中建立的良好人际关系、营造的和谐轻松氛围等，有利于促进学生的生命发展。根据对班级心理健康教育活动筹划的程度来分类，班级心理健康教育活动可分为结构式和非结构式。结构式活动要求组织者对课外活动进行周密的计划和安排，对活动的全过程进行系统的筹划等。非结构式活动灵活性较大，活动的进程依赖于活动组织者和参与者的临场发挥。就当前班级心理健康教育活动而言，大多数高校的心理健康教育活动偏向于结构式：一是为了提高活动的效率；二是为了防止因活动过程出现各种意外，以致无法掌控活动进展，正因如此，班级心理健康教育活动都比较注重活动前的准备和策划。与课程教学相比，班级活动具有较大的灵活性和自主性，首先，班级活动的实施者主要由学生管理者或者心理委员来担任；其次，班级的集体活动空间可以在教室内，也可以在户外；最后，班级活动的时间安排具有一定的灵活性。

班级活动是高校心理健康教育课外活动的主要形式，覆盖面广泛，普及率高，绝大多数高校心理健康教育课外活动都采用了主题班会这种形式。心理健康教育主题班会活动既可以由学校统一策划、由院系和学生负责实施，也可以由院系和学生自由策划并实施。大多数高校对心理健康教育工作重视不够，导致学生对心理健康的认识程度不深，院系和学生主动开展心理健康教育主题班会活动的动力不足。大多数高校的心理健康教育主题班会都是由学校心理健康教育机构统一策划和指导，再由院系和学生具体开展实施的。

（三）全校性活动

全校性活动是指规模较大、能基本覆盖全体学生的心理健康教育课外活动，主要由学校心理健康教育机构统一组织策划并实施，如校园心理剧大赛、心理健康教育系列讲座、心理征文大赛等活动。有的学校根据某一心理健康专题策划系列心理健康教育活动，有的学校不拘泥于心理结构体系，主要根据学生的实际心理发展需要，策划涵盖多个专题的心理健康教育活动。

作者在对高校心理健康教育工作的访谈和走访中发现，绝大多数高校都开展了不同规模的心理健康教育课外活动，其中，全校性的心理健康教育活动在高校心理健康课外活动中所占比重很大。绝大多数成立了心理健康教育专门机构的高校每年或每 2 年开展一次全校性的心理健康教育课外活动，活动由学校心理健康教育机构负责统一策划并实施。如前文所述，全校性的心理健康教育活动覆盖群体主要为大一学生，而活动形式主要为心理健康教育专题讲座及各种与心理健康教育相关的比赛活动，如全校心理剧展演、心理微电影征集、心理健康知识展板征集大赛等。例如，三峡大学首届"心理文化节"包括心理健康趣味知识竞赛、心理健康宣传作品征集大赛、心理美文征集大赛、专业知识心理讲座等活动；北京师范大学的大学生心理健康教育系列活动包括 2 场北京市高校活动、23 场心理讲座、心理剧体验、心理微电影征集活动等。在这些活动中，心理健康教育专题讲座是所有高校必不可少的课外活动之一。

六、心理健康教育课外活动中的活动者

在心理健康教育课外活动中，既有活动的组织者，也有活动的参与者，这两者缺一不可，构成了活动中最活跃的因素——活动者。从参与活动的目的出发，活动者可以分为两种：一种是以完成心理健康教育工作任务、履行工作职责为目标的专职教师；另一种是以健全人格、完善自我、陶冶心灵为目标的学生。这两种活动者在活动中扮演着多种不同的角色。

（一）教师在心理健康教育课外活动中的角色

心理健康教育工作涵盖的内容很多，心理健康教育专职教师承担了多重角色：在心理咨询中，扮演的是心理咨询专家的角色；在课堂教学中，扮演的是教师的角色。在这两种工作中，心理健康教育专职教师扮演的角色比较单一，工作性质单纯，但在心理健康教育课外活动中，心理健康教育专职教师则扮演着多重角色，工作性质复杂。

第一，作为行政管理者组织活动。由于院系和学生自主开展心理健康教育的积极主动性不够，当前大多数高校心理健康教育课外活动都是自上而下进行的。心理健康教育机构中的专职教师承担了对全校心理健康教育课外活动的组织、管理和考核等工作，包括活动统筹安排、经费预算、工作考核等，这已经成了专职教师的日常教育管理工作。在活动开展前，心理健康教育专职教师对活动进行总体筹划，包括时间安排、经费预算等；在活动过程中，督促和检查活动的实施效果；活动结束后，对院系和学生开展的各项活动进行总结、考核和评估。专职教师在课外活动的组织、管理和考核过程中扮演着行政管理者的角色。

第二，作为教育管理者指导活动。由于大多数高校心理健康教育专职教师有限，专职教师对学生课外活动主要进行面上（整体）的教育指导工作。一是对活动进行整体策划和指导。心理健康教育课外活动具有一定的专业性，需要专职教师从心理健康教育的专业出发，精心设计课外活动，把活动的进程预先呈现。大多数高校进行心理健康教育活动策划，都通过限定活动的主题、形式、过程等对活动进行精心设计，此外，再在活动附件中对每一个具体活动进行详细策划。二是对具体实施活动的心理委员等进行课外活动专题培训指导。心理委员在高校班级中是一个比较新的管理角色，大多数心理委员对自己要从事的工作概念都很模糊。对心理委员进行系统培训和指导有利于他们更好地开展心理健康教育工作。专职教师对心理委员的课外活动专题培训指导涉及心理委员的角色扮演、课外活动形式介绍、课外活动策划头脑风暴、课外活动方案撰写和修改、课外活动过程预演及课外活动效果反思等，这些培训对心理委员开展课外活动发挥着一定的指导作用。三是在学生带领的朋辈团体辅导活动中，专职教师扮演的是幕后的教育培训和指导者。专职教师对朋辈辅导员进行系统的团体辅导培训，带领学生设计团体辅导方案，让学生亲身体验团体辅导活动，训练团体辅导技能，讨论和反思团体辅导效果，培养朋辈团体辅导员的领导者特质等，使学生在经过朋辈团体辅导的系统训练之后，可以主动实施朋辈团体辅导活动。

第三，作为专家教师实施活动。在心理健康教育课外活动中，专职教师还扮演着专家和教师的角色。在心理健康教育系列讲座中，专职教师作为讲座的专家，开展全校性的心理健康教育讲座；在团体辅导活动中，专职教师作为心理咨询师带领矫治性团体，在具体的团体辅导中，还扮演着多重角色，既是专家也是成员，既是"局外人"也是"局内人"，既是团体中的中心人物也是以团体成员为中心。在团体辅导活动中，教师是活动的策划者与实施者，设计并实施团体活动方案；教师又是活动的参与者与旁观者，作为团体活动的成员，教师既需要全心全意地投入活动，又要善于跳出活动，以旁观者的身份审视活动；教师是活动的中心者与边缘者，既要以中心者的角色对活动的阶段和过程等进行指导和掌控，充分调动团体成员的积极性，又要以边缘者的角色突出团体成员在活动中的中心地位。

（二）学生在心理健康教育课外活动中的角色

学生既是心理健康教育课外活动的组织实施者也是课外活动的参与者。无论是在班级活动中，还是在社团活动中，少数学生会发挥自己的创意，运用自己的组织管理能力，组织实施各种心理健康教育课外活动。心理健康教育教师对活动的策划是在课外活动开始之前，进入活动之后，学生需要根据活动的进展对之前的活动策划进行不断修正，使活动得到深化。活动的对象是学生自己，大多数学生作为参与者参加课外活动，只有学生作为主体积极参与活动，活动才能顺利完成。学生既是课外活动中的助人者，也是课外活动的自助者。心理健康教育课外活动的宗旨是促进学生的心理发展，课外活动一方面可以使学生参与者在良好的活动氛围中体验心理过程，反思心理问题成因，改正不良行为，获得心理收益，另一方面可以使学生组织者在活动的组织开展中获得启发、激励与感悟，实现与活动参与者共同的心理成长。

课外活动应具有这样一些特点，如以学生为主，学生自愿参加，学生在学校指导下独立开展各种活动，在活动中体验生活，学生在活动天地里能自由驰骋，学生在课外活动中处于中心地位。但在当前高校心理健康教育课外活动中，学生开展活动的积极主动性不够，学生参与活动时处于被动状态；教师在活动中处于主导地位，积极谋划活动，组织实施活动，评估考核活动等。各种课外活动成了教师工作的"主战场"，学生在活动中主体地位不够突出。

第三节　心理健康教育课外活动反思

一、心理健康教育课外活动的价值取向：维护学校稳定

高校心理健康教育应回归到思想政治教育视域下，高校心理健康教育要想实现可持续发展，就必须主动引领思想政治教育向微观领域延伸。在具体的心理健康教育课外实践活动中，高校已将心理健康教育纳入思想政治教育的范畴。当前高校思想政治教育最突出的现象是把维护高校稳定当作大学生思想政治教育工作的目标，甚至是最重要、最基本的目

标。处于思想政治教育范畴之中的心理健康教育也以维护高校稳定为基本目标和价值取向，高校在思想政治教育视域下开展心理健康教育工作，心理健康教育的专业性受到忽视。

课外活动本是学生在课堂之外自愿选择参加的一种活动，可以充分考虑学生的兴趣爱好及特长。学生因为自愿参加，其参与活动的积极性和主动性就会非常高，能把活动当作自己的非常重要的事情，负责任地去完成，把自己参与的小组和团体当作自己的组织，认可自己是团体中的重要一员，能够遵守团体规范并积极参与各项活动。正是因为这种自愿性，课外活动才具有某种优越性。然而，在思想政治教育视域下，高校心理健康教育课外活动被打上了深深的思想政治教育烙印。作为一项必须完成的、维护学校稳定的思想政治教育任务，所有学生必须参加由学校组织的各项心理健康教育活动。学生在行政管理的强迫与命令下被动参与各种课外活动，教师作为行政管理人员对课外活动大包大揽，对活动策划、实施和考核实行全程监控，课外活动既有教师的监督，也有考核的压力，学生无法成为课外活动的主人，无法自由自主地开展活动，就会对心理健康教育课外活动失去兴趣。最终导致教师对心理健康教育课外活动进行过多行政干预、学生疲于应付检查的后果，而使心理健康教育课外活动流于形式。

二、心理健康教育课外活动以预防和适应为主要目标，忽视了发展性目标

从活动对象来看，目前的大学生心理健康教育课外活动大多凸显其适应性目标。大多数高校心理健康教育课外活动以大一新生为主要活动对象。大一新生进入大学后，面临的最大心理发展任务是入学适应问题，以及解决进入大学之前存在的情绪困扰等心理问题。大一新生从中学过渡到大学，他们正经历着一生的重大转折点，面临着生活、情绪、自我、学习、人际关系、生涯规划等一系列问题，稍有不慎，大学生就会陷入心理困惑的泥潭，无法自拔。还有少数新生在进入大学之前就存在不同程度的心理问题。从众多的调查中可以发现，对大学生进行心理健康教育，要从大一新生抓起，且刻不容缓，为满足大一新生的心理发展需要，适应他们的心理成长规律，多数高校大学生的心理健康教育课外活动以入学适应为主要目标，开展不同主题的入学心理适应活动。

从活动经费来看，由于当前绝大多数高校心理健康教育工作经费存在不足，要想物尽其用，达到最佳效果，就只能从短期目标着手，如对心理问题学生进行危机干预及知识普及，鼓励他们主动寻求心理咨询服务，对可能存在入学适应问题的学生开展入学心理适应方面的相关课外活动，使学生尽快融入大学生活，适应大学的学习方式，建立新的人际关系，做好时间管理以及生涯规划等。多数高校对开展心理健康教育课外活动的效果没有进行调查评估，学校管理决策者对增加心理健康教育课外活动的经费投入始终热情不高，多数高校没有专项经费投入课外活动中来。一些高校的心理健康教育课外活动流于形式，仅

限于应付检查。要想实现心理健康教育课外活动的长期目标，必须要有一定的经费投入，在当前高校心理健康教育经费普遍不足的情况下，心理健康教育课外活动只能兼顾其短期目标，即预防和适应性目标。

维护学校稳定是当前高校心理健康教育课外活动的价值取向。在影响高校安全稳定的诸多因素中，大学生因心理问题和精神疾病而引起自杀和冲突事件是重要因素之一。进入21世纪，高校每年都会发生多起大学生自残自杀、伤人杀人等校园安全事件，这些事件的发生，除了社会矛盾和学校管理方面的原因外，最主要的原因就是大学生的心理健康问题。针对影响高校稳定的心理因素，必须采取大学生心理健康教育的方法。程家福等认为，一方面，心理健康教育是促进高校稳定的重要手段，另一方面，心理健康教育要以维护高校稳定为基本目的。有调查研究显示，影响高校稳定的主要心理因素依次为政治心理问题、人际交往问题、就业心理问题、情绪失控问题和学习心理问题。运用心理健康教育的手段来消除这些影响学校稳定的不良因素，可以促进和谐稳定校园的构建，并为高校的人才培养目标奠定一定基础。从应对学生可能存在的心理问题角度出发开展心理健康教育课外活动，维护学校稳定，达成的是心理健康教育的消极应对目标和短期目标。消除影响学生稳定的不良心理因素，从某种程度上可以促进学生的生命发展，但其出发点和根本目标并没有完全考虑大学生的心理发展任务和规律。

以维护学校稳定为基本价值取向的心理健康教育活动没有从整体上规划、设计并完成其发展性目标，心理健康教育课外活动内容较少涉及生命意义探索等相关主题。当前高校心理健康教育课外活动，对教师来说，是一种阶段性的工作任务；对学生来说，只是帮助他们尽快适应大学生活的重要途径之一。

三、以知识传递为主要内容的心理健康教育课外活动忽视了学生生命体验

作者在相关文献研究和对教师的深度访谈中发现，高校要普及心理健康教育课外活动，心理健康知识宣传、心理健康教育讲座、主题班会等是实现其目标的重要形式，而这些形式也是开展心理健康教育集体教育的主要形式。

专题性讲座有特定的心理健康教育主题，主要内容涉及学生心理发展中的问题，形成系列讲座则要经过系统设计。心理健康教育专题讲座的内容、形式与心理健康教育课程教学差别不太明显，实际上是课堂教学的一种延伸，讲座形式的课外活动带有明显的学科教学的痕迹。传统的学科教学体系，无论是赫尔巴特的"明了—联想—系统—方法"，还是凯洛夫的"准备—感知—理解—巩固—运用"，都单纯突出认知的组织方式。教室是展开心理健康教育专题讲座的主要场所，一名专家教师同时面对几百名学生，讲座内容具有浓厚的认知特色。心理健康教育专题讲座无法回避知识内容和认知特色，在教室内开展的心理健康教育活动无法回避以知识为中心的载体形式。当前高校开展心理健康教育活动以促

进人的心理发展为目的,讲座的内容与主题相较课堂教学具有更大的灵活性,尽管没有陷入传统学科意义上的封闭知识体系,但教育方式还是以理论讲授为主,"空洞的说教""理性的分析""理论知识的把握"在心理健康教育专题讲座中依然处于中心地位。

四、心理健康教育课外活动中的师生关系:教师主导

心理健康教育课外活动需要在活动中融入心理健康教育的目标,而心理健康教育又具有较强的专业性,这对心理健康教育活动的开展提出了较高的要求,如果活动操作不当,容易导致心理健康教育的目标被掩盖,出现活动目标上的偏差。

因此,高校心理健康教育课外活动不仅要以学生为中心,发挥学生在课外活动中的积极性和主体性,而且需要心理健康教育专职教师对课外活动进行适当指导,教师和学生都应该是课外活动中的活跃因素。然而,思想政治教育视域下的心理健康教育课外活动行政管理色彩浓厚,教师对心理健康教育课外活动行政干预过多,在活动中占据主导地位,学生在课外活动中的主体性被遮蔽。

(一) 以教师为主导的师生关系导致学生主体性缺失

教师对心理健康教育课外活动行政干预过度,会导致学生处于被动地位,缺乏积极主动性。当前大多数高校心理健康教育课外活动由上而下展开,采用行政和强制考核方式督促实施,是一项必须完成的行政和思想政治教育任务,院系和学生为了完成任务而被迫开展各种心理健康教育活动。学校将各种心理健康教育活动方案强加给学生并要求其实施,大部分心理健康教育课外活动是一种"装饰品",不受欢迎且强迫人接受。在这种被动的课外教育活动中,学校管理者和教师利用各种手段要求学生接受各种心理健康知识。有时,他们也会采用游戏等形式使枯燥无味的知识学习变得有趣,但无论管理者和教师采用何种手段和技巧,在心理健康教育课外活动中,学生仍然被视为被动的客体,他们被动地参与和完成各种心理健康教育活动。

学生"静听"在心理健康教育课外活动中所占比重很大。如心理健康教育讲座,发生在教室,采用理论讲授的方法进行大班讲座,教室的座位无法移动,学生在固定的座位上一味地听讲而毫无探究和体验的行动。以知识为中心的心理健康教育主题班会活动,学生参与活动的空间有限,心理健康教育课外活动的"静听"本性暴露无遗。"静听"的心理健康教育课外活动,意味着学生缺乏活动的场所,没有活动的机会,意味着心理健康教育课外活动依然是一种脱离生活、以知识为中心的灌输式教育形式。虽然心理健康教育专题讲座、心理健康教育主题班会不像课堂教学,这两种形式没有考试,学生不用为分数发愁,但是整日坐在教室"静听"知识传授的学生,对这种以知识为中心的活动形式失去了兴趣和耐心,显露出倦怠和无奈。学校和院系以完成任务为目标,强行组织学生去参加各种心理健康教育讲座,学生非自愿被动参加;学生对心理健康教育主题班会的热情不高,

活动过程中全班积极参与的人数有限，只有少数学生主动参与活动。学生的主体性在"静听"式的课外活动中被遮蔽。

（二）以教师为主导的师生关系导致课外活动成为教师的"主战场"

如前文所述，教师在心理健康教育课外活动中扮演着多重角色，如行政管理者的角色、教育管理者的角色以及教师的角色等。教师相较学生而言，在课外活动中扮演的角色更多样化。尽管教师在课外活动中扮演的角色并非都如本人所愿，但其在课外活动中似乎比学生更活跃，课外活动俨然成为教师开展心理健康教育的"主战场"，教师从整体上掌控全局，从局部上把握细节，对课外活动进行全程操控。湖北省63.6%的高校心理健康教育专职教师对课外活动的形式、内容、管理等进行指导，9.1%的高校辅导员和班主任对课外活动形式和内容进行业余指导，27.3%的高校学生发挥创造性，自由组织各种心理健康教育课外活动。当前高校对心理健康教育课外活动管理的出发点在学校，主导性在管理者（教师），以学校和管理者为本位，在突出和重视学校心理健康教育课外活动效益的同时，背弃了学生的主体地位，在课外活动的所有环节中充斥的都是学校、院系和管理者的身影，体现的也是他们的意志和想法，学生成了活动执行者，活动管理呈现的是学校和管理者向学生的单向传输。

（三）以教师为主导的师生关系导致师生对话失落

心理健康教育课外活动中师生之间对话缺失，体现在以下三个方面：一是行政管理者在课外活动的开展过程中具有绝对的话语主导权，学生无法参与活动中的管理，教师与学生之间无法实现思维共享，课外活动完全体现的是管理者的想法，学生不是活动管理的主人，而是被管理的对象，这导致学生缺乏自由发展的空间和氛围，其内在的价值和潜能得不到开发和彰显；二是由于心理健康教育专职教师人员有限，工作事务繁杂，对心理健康教育课外活动培训投入的精力明显不足，师生之间缺乏对话机会；三是心理健康教育课外活动主要以知识讲座培训为主，较少开展团体辅导活动培训，师生之间缺乏良性互动，心理距离拉大，学生在心理健康教育课外活动中处于一种被动的参与状态。

第四节 生命教育视野中的大学生心理健康教育课外活动构建

一、心理健康教育课外活动要树立关怀生命的价值取向

课外活动在学校教育中具有重要的地位和作用。首先，课外活动与学校教育的任务和

培养目标密切相关。学校的教育目标是培养全面发展的人。仅仅在课堂教学中开展德、智、体、美、劳还无法实现教育目标，只有同实际活动相结合，才能促使学生得到全面发展，因此，课外活动是一种不可或缺的、非常优越的教育方式，只有开展多种多样的课外活动，才能使学生的智力、能力、创造力得到更好发展。课外活动的发展可以弥补课堂教学的不足，培养和发展学生的实际活动能力，如组织工作的能力、人际交往的能力、解决问题的能力等。其次，课外活动在学校教育中具有重要地位和作用，且与学生身心发展规律密切相关。处于不断发展中的大学生群体，身心内部有一种强大的内驱力，促使他们去活动。他们特别需要丰富的、种类繁多的、充分而又得当的活动，在这些活动中他们的身体和心理能够更好地生长和发展。处于青少年晚期的大学生正处在一个活动能力不断增强、不断发展的时期。活动能力的不断增强促进大学生产生更强大的活动动力，大学生通过不断试验、展示和证明自己的活动能力，同时不断提高自己的活动能力，由此，也使其活动的领域和范围不断扩大。大学生在多种多样的活动中不断探寻自我、发展自我，使自己的个性不断得到完善和发展。可见，培养全面发展的学生、促进学生的生命发展是高校开展课外活动的本体价值。为了更好地实现心理健康教育课外活动的本体价值，高校心理健康教育课程要树立关怀生命的价值取向。

（一）拓展课外活动形式，实现认知与体验联动

当前高校心理健康教育课外活动以知识为中心，以知识传递为主要形式，即以一定的知识为载体。但整个活动过程又不仅是一个认知问题，它绝非传统意义上的学科教学。在心理健康教育课外活动中，要不断拓展活动形式，实现认知与行动并进，认知与体验联动。认知与行动是相生相伴、相辅相成的。学生在活动中认知，以行动促进认知。列昂捷夫指出，主体活动过程起先总是外部的、实践的，之后才具有内部活动的形式，即意识活动的形式。学生在活动中获得体验，并通过体验最终获得真切、内化的认知。高高在上的、外来的说教，片面强调认知的活动内容，只会导致学生认知发展的畸形、情感体验的萎缩，而正在经历的体验，才能真正触摸心理成长的真谛。只有把认知与行动融通起来，在行动中获得体验，实现知情互补、情知交融，才能体现心理健康教育课外活动的独特魅力。

（二）有针对性地开展专题教育课外活动，覆盖全校所有学生

高校心理健康教育课外活动主要针对大一学生群体，以入学适应教育为主，主题内容单一，要覆盖全校所有学生，学校应对不同学生群体有针对性地开展专题教育课外活动，使专题教育可以满足不同学生群体的心理需求。不同年级的大学生，他们的心理发展任务各有差异，大一年级学生面临入学适应、人际关系处理、大学四年生涯规划等任务，大二、大三学生面临自我管理、情感管理、学业管理等心理发展任务，大四学生面临就业择

业、目标确定等任务，学校可根据不同学生群体的心理发展任务策划开展不同主题的课外活动。

（三）普及小组或团体活动，关怀个体生命

相较全校性的统一活动和班级活动而言，小组或团体活动更能达到关怀个体生命的目标。小组或团体心理健康教育课外活动是指在团体或小组的情境中开展心理健康教育的一种活动形式，这种活动形式既能兼顾个体，也能兼顾团体，它通过团体或小组成员之间的相互影响和作用，促进个体的自我认识、自我发展和心理成长。该活动的人数可控制在几人到十几人之间，团体或小组成员主动进入活动情境，期待活动能带来愉悦的身心体验，具有较强的活动动机。在成员之间良好人际互动的基础上，小组或团体活动通过轻松的团体氛围，促进活动者的心理成长。团体成员可以在真实情境中进行角色模仿，从他人视角审视自己和他人的行为，从而实现相互支持和相互学习的效果。小组或团体活动可以呈现生动的生活场景，团体或小组中的每个成员在这种安全的场景中能够暴露自我的内心世界，这对问题的解决和探索自我而言有一定的积极作用，而且成员间可以实现情感共享，包括体验情感的喜怒哀乐。小组的环境就像一个微型社会，能够改进和塑造个体的心理品质。

二、普及发展性的朋辈团体辅导活动，实现心理健康教育的发展性目标

朋辈辅导模式是当前美国大学中比较流行的辅导模式。它以人本主义为理论基础，辅导以他助—互助—自助为机制，是一种积极的人际互动过程。活动成员具有相同的兴趣爱好，有相似的价值观和人生观，具有同辈之间的同等心理。它是一种助人自助的过程，主要技术是耐心而积极地倾听，进行情感反映、总结和探索，实现自我表露、解释和对质。朋辈团体辅导是朋辈辅导的一种形式，它是指在多个团体成员参与的情境下，借助游戏、讨论、分享等方式使成员获得心理支持、情感体验、知识增加以及行为改变的心理帮助过程。朋辈团体辅导对学生群体没有限定，既可以是同质性团体，也可以是异质性团体，大学一至四年级的学生都可以自由选择不同性质的团体辅导。朋辈团体辅导的优势在于，能够通过团体内成员之间的人际互助，促进成员之间的相互了解，通过成员之间的积极倾听，学会设身处地地体察别人、理解别人，从而提高人际沟通的能力。朋辈团体辅导具有普及性。对国外学生、国内学生所做的有关求助行为的研究显示，当遇到心理问题而需要外界帮助时，他们更多向家人或朋友求助。中国青少年研究中心的调查结果显示，当大学生出现心理问题时，首先选择的是向朋友倾诉（79.8%）。朋辈团体辅导比朋辈个体辅导覆盖面更广，具有全员性，可以通过不同方式使全体学生参与到朋辈团体辅导中来。朋辈团体辅导具有趣味性，主要以游戏形式贯穿整个活动过程。以人际关系朋辈团体辅导为

例，活动内容可包括轻柔体操、连环自我介绍、"我的心愿""爱在指间""信任跌倒""猜猜我是谁""我说你做"等运动或游戏。要想在高校普及朋辈团体辅导活动，必须从以下三个方面着手。

（一）选拔朋辈团体辅导员

朋辈团体辅导员有两种选拔模式：一是先培养再选拔；二是先选拔再培养。先培养后选拔是基于这样一种观点，即每个学生经过培训后都有可能成为一名潜在的领袖模范。这种模式的好处在于，通过培训可以使学生掌握一定的心理学知识、自我调节的方法、人际沟通的技巧等。培训后，结合学生的考核成绩，以及学生是否具有团体领导者的特点，再安排朋辈团体辅导工作，其他朋辈辅导员可以安排知识宣传、个体辅导等工作。先选拔后培养，是基于以下观点：朋辈团体辅导是一项专业性较强的工作，对朋辈辅导员的素质要求较高，不仅要具有朋辈辅导的技巧，还要有团体领导者的特质，因此先通过一定程序的考核，然后对符合标准的学生进行系统培训。培训结束后，通过再次考核的学生则可以作为准朋辈团体辅导员。当前高校心理健康教育资源有限，采用先选拔后培养的模式有利于高效完成朋辈团体辅导员的选拔工作。

（二）对朋辈团体辅导员开展培训

朋辈团体辅导员培训的主要内容分为三部分：第一部分为朋辈团体辅导员的自我探索，朋辈团体辅导员在助人前首先要对自己有正确、清晰的认识和了解；第二部分是团体辅导的基础理论和基本技能，这是实现团体辅导目标最重要的内容，是团体辅导专业化的坚实基础；第三部分是团体辅导的领导者特质培训。团体辅导的成效与领导者的人格特质和行为特性是绝对相关的，有效的团体辅导领导者特质包括自信、开放、坦诚、有个人魅力、有活力、洞察力强、富有幽默感、客观、乐观、情绪稳定等。团体辅导领导者在团体中扮演着促进团体，活化和维持团体的角色。朋辈团体辅导员的培训可以采用团体辅导形式集中、系统地完成。

（三）对朋辈团体辅导员进行专业督导

对朋辈团体辅导员进行专业督导，是指团体咨询督导人员对朋辈团体辅导员在专业技能和实践操作上的指导与监督，对朋辈团体辅导员在团体辅导过程中遇到的各种问题进行具体恰当的帮助，以不断提升朋辈团体辅导员的专业技能和辅导效果。朋辈团体辅导督导形式多样，根据督导人员性质可分为专业团体辅导员（教师）督导和有经验的朋辈团体辅导员（学生）督导；根据督导人数的多少可分为一对一督导和一对多督导等。在高校，既可以采用专业团体辅导员（教师）定期举办团体督导的形式，帮助朋辈团体辅导员进行澄清、面对、分析和提升，也可以采用朋辈团体辅导员组成团体定期举办成长训练营的形式，即朋辈之间相互进行辅导，共同学习朋辈团体辅导技术，共享团体辅导资源，探讨团体辅导中的疑难问题等，还可以采用自我督导的形式，即朋辈团体辅导员加强自我学习、自我总结、自我反思等，提升个人心理素质，促进自我成长。

三、开展游戏式心理健康教育课外活动，增强生命体验

游戏对活动参与者的心理发展意义极其重大，它在形成个体个性、发展兴趣、培养意志和性格等方面发挥着不可替代的作用。在当前高校心理健康教育课外活动中，游戏较少得到应用，这与活动组织者对游戏活动的作用重视不够有很大关系。大多数活动组织者认为游戏在学龄期儿童中应用比较适宜，在大学生中运用游戏开展活动的意义和效果并不明显。而事实上，游戏作为活动的特殊类型，在人的生活的所有阶段，包括少年期、青年期、中年期甚至是晚年期，都存在各种表现形式。在当前高校心理健康教育课外活动中，广泛运用游戏形式不仅对活动参与者具有矫治性意义，也具有发展性意义。

（一）游戏对活动参与者具有心理治疗意义

弗洛伊德认为，游戏可以为儿童提供满足愿望和掌握损伤性事件的途径。游戏使活动参与者成为环境的积极的主人，活动参与者在游戏中模仿什么人和什么东西具有较强的选择性，角色和情境的选择建立在由游戏主题引起的特殊的动力和动机基础之上，如活动参与者常常根据他们对一个特定的人的热爱、钦佩等情感选择角色，从而满足他们想成为与这个人一样的人的愿望。引起恐惧与愤怒的那些人或事也激起模仿，这是活动参与者试图体验与那些人有关的焦虑。埃里克森认为，游戏创造了一种能以演戏或表演的形式表现困惑、焦虑和期望的自我解决的活动场所，其采用的形式随着社会心理问题和自我情境的变化而变化，游戏可以促使情绪稳定、成熟地发展。皮亚杰认为，游戏就是同化，心理适应是通过同化和顺应过程之间的平衡获得期。在同化时，活动参与者把事件、物体和情境纳入现存的思维方式；游戏表示一种同化超过顺应的不平衡，这种同化倾向所引起的行为反映了活动参与者的心理发展水平。

这种具有心理治疗意义的游戏可以在团体辅导活动中得以实现。要使游戏在活动情境中达到最佳的心理治疗效果，团体辅导活动必须要有专业人员或教师带领。专业人员在指导游戏活动时，一方面，要着重关注使活动参与者获得最大限度的快乐、享受和满足，即不应采用功利主义态度去看待游戏，也不应只看活动参与者知道了什么、记住了什么、学会了什么，而是要促进活动参与者的愉快感受。另一方面，要以专业人员的角色去理解团体成员的思想观念，敏锐觉察团体成员对角色和情境选择的意义，感受活动参与者的各种情绪情感体验，接纳团体成员的行为，鼓励和支持团体成员之间的自我暴露，使团体成员在游戏中较量，从而形成一种平等、安全、相互尊重和相互接纳的轻松氛围，并自动获得心理修复并能达到某种治疗的目标。

(二) 游戏对活动参与者具有心理发展意义

在游戏中,角色的相互影响和制约关系促进了人际的交往。游戏在大学生自我鉴定、人际交往、个性形成、个人兴趣爱好发展等方面发生着作用。主题角色游戏、话剧表演等是非常复杂的游戏活动,在这些活动中,活动参与者扮演着现实中、童话中、书籍中的各种人物,这种游戏类型是一种"只为自己的即兴艺术",这种艺术表演形式不一定需要观众,可以不用舞台进行,没有排练和严格的体裁限制,但所有活动参与者都伴随有丰富的情感和内心体验。

游戏能够最大限度地调动活动参与者的智力或体力,使活动参与者表现出机敏和灵活,活动参与者高度紧张,运用游戏情境中所需的知识和经验,从大量可行的方案中选取最佳方法解决问题,这就是一种创造性活动,它伴随情绪的高涨、稳定的认知兴趣,成为个性积极性的最强刺激剂。每一次游戏都对活动参与者提供了全新的障碍和困难,活动参与者把克服这些障碍和困难作为一种个人的成功或对自我、对个人某种能力的发现,期待着并体验着"我能够"的快乐。

游戏不是自发产生的,而是在教育的影响下逐渐形成的。在高校心理健康教育课外活动中广泛应用促进大学生心理发展的教育性游戏,脱离单一的知识授受的课外活动形式,可以使大学生产生强烈的动机去学习心理健康知识。游戏是大学生从他们生活的世界中获取文化知识和技术技能不可缺少的工具,是连接大学生与校外生活的桥梁,高校在心理健康教育课外活动中应用形式多样的游戏,可以使大学生对心理健康教育课外活动产生浓厚的兴趣,并产生强烈的动机去学习被认为枯燥乏味的心理健康知识。更重要的是,游戏可以使大学生在特定的情境体验中获得丰富的生命体验。在心理健康教育课外活动中,游戏既可以采用自由游戏形式,也可以采用督导下的游戏形式。无论是何种形式,游戏都是一种特定情境表现、一种交往行为、一种情感体验。游戏是一种有意义的情境体验,它表达了游戏参与者对游戏所持的看法,在这种情境中,交往是游戏时产生的相互行为的基础,游戏参与者在交往情境中会产生丰富的情感体验。

四、在心理健康教育活动中实现师生对话

(一) 课外活动要以学生为中心,充分彰显学生的主体性

课外活动的教育目的和特点确定了学生的主体性,学生应在课外活动中处于中心地位。学生在课外活动中需要更多的选择和创造的权利与机会来充分发挥自身的主体性。离开了学生的主体性,心理健康教育课外活动就失去了精髓。把学生看作具有一定主体性的人,把学生培养成为具有一定主体性的人,是高校开展心理健康教育课外活动的前提和价值追求。休金娜明确指出,学生是活动的主体,学生应该占据主体的位置,而不是指定的

执行者的位置。有效课外活动的标志是学生是否具有主体地位，离开了学生主体地位的课外活动不是真正意义上的课外活动。教师在心理健康教育课外活动中的作用是引导、指导，不是包办乃至代替学生参与活动过程。

教师通过在幕后组织学生精心策划、详细准备和组织实施活动，通过举办心理健康教育活动培训，激发学生组织和参加活动的兴趣，把学生真正推到主体位置，并相信学生的能力，彰显学生在课外活动中的主体性，消解学生和教师之间的不良对立和懈怠情绪。

（二）运用对话管理，引导学生自觉自愿地行动

在心理健康教育课外活动中进行对话，可以使传统的行政命令式管理转变为对话式的引导和商谈管理，强调对话管理方式可以引导学生自觉自愿地开展心理健康教育活动。教师在课外活动中的行政命令和大包大揽，不仅不利于课外活动的良好开展，也不利于学生心理健康发展，还会造成学生与教师之间的隔阂和对抗。在课外活动的对话管理中，教师应充分尊重学生的人格、兴趣等，学生在人格上与教师平等。教师在指导大学生心理健康教育活动时，应充分考虑大学生的心理发展特点，学生与教师一起商讨活动的内容、形式和方法时，双方都应尊重彼此对课外活动的设计意见。学生在心理健康教育课外活动中所获得的丰富生命体验和形成的良好心理品质会激发他们主动参与下一次的活动。在对话管理中，教师转向幕后，对学生开展课外活动进行合理引导，可以提高学生策划课外活动的积极性和热情，使学生真正产生自觉主动组织开展活动的动机，从而从根本上改造"静听"式、被动式、低效式和流于形式的传统课外活动。对话管理的方法有很多，如各抒己见、共享思维、主动参与管理等。

共享思维是课外活动管理的根本思维方法。共享思维模式是指人们将事物作为一个整体来看待，世界万物之间都互相参与和分享，每个对话者都以某种方式参与和分享对话的进程，各种思维、情感和观念在对话者身上生长，并对对话的顺利进行有所贡献。行政管理者和学生在思维共享中消除拒绝和排斥，对话者之间既是贡献者，也是受益者，最终达到共赢。共享思维具有一种强大的凝聚力，可将管理者和学生紧紧团结在一起。

学生参与活动管理指学生以各种形式和身份参与学校的各种活动管理，实现自身主体建构的过程，这是一种主体性参与，学生从被管理者变成了管理的主人。

学生与学生之间、学生与行政管理者之间在交往和交流中又渗透着对话管理。将课外活动的管理者和参与者置于一个互动的情境之中，可以使学生与学生之间、学生与管理者之间平等交往。学生参与管理的过程也是一个共享过程，它提供了共享责任、分享和成功的机会，在共享过程中，学生能深刻体会，并认可自我的价值和他人的价值。

第六章 应用型高校大学生心理危机的干预策略

很多从表层可以发现的大学生心理问题，实际上都与大学生对生命的思考、价值取向、人生态度有关。大学生的健康成长除了学习相关知识外，更需要引导心灵成长方面的教育。因此，高校德育工作中需要补充生命化教育的内容。生命化教育关注学生心灵成长方面的工作，能够补充当前日常教学工作中的不足，可以帮助大学生完成健全人格的培养与塑造，并且还能"反观生命，形成更高层次的追求"。因此，在心理健康教育中融入生命化教育的内容，做到德育生命化，帮助大学生发现自己的生命意义，可以提高心理健康教育工作的实效，促进大学生的健康发展。

第一节 应用型高校概述

一、应用型高校的基本定义

应用型高校，一般是指应用型本科院校。引导部分地方本科高校向应用型转变是党中央、国务院的重大决策部署。近年来，教育部多措并举，引导和推动转型发展向政策保障、深度转型、示范引领上迈进，应用型高校建设呈现良好势头。办好应用型高校关键是强化实践教学，加强实习实验实训条件。为改善产教融合的办学条件，国家发改委、教育部启动了教育现代化推进工程应用型本科高校的建设项目。

二、应用型院校类型

对于一所学校而言，正常情况下各个学科发展是参差不齐的，可能有些学科偏学术理论，有些学科偏应用技术，最好的发展策略应该是创造环境由其自主发展，不宜简单地一刀切为学术型或应用型。

三、应用型院校建设

进入新时代，应用型高等院校抓住机遇、实现内涵式发展，已经成为亟须思考的重要课题。应用型高等院校应以新型智库建设为重要抓手，有效整合校内外优势资源，实现研究成果的有效快速转化，引领高校人才培养与社会需求更好对接，把人才培养厚植在产业发展的土壤里。

四、应用型高校和普通高校的区别

（一）定义不同

应用型高校指以应用型为办学定位，而不是以科研为办学定位的高等院校，应用型大学是对普通本科教育的改革，以培养高素质应用型本科人才的一种教育模式。它与普通本科同批次享受同样的待遇。区别于普通本科应用型大学，主要用于满足社会发展对高层次应用型人才需要，应用型本科教育对于满足中国经济社会发展，对高层次应用型人才需要以及推进中国高等教育大众化进程起到了积极的促进作用。

普通高等学校是指由国家部委、省级人民政府（含新疆生产建设兵团）、省（市、区）教育行政部门主管或联合主管的实行普通高等学历教育的学校。

（二）包含范围不同

普通高校在我国普通高考当中，本科录取分为本科一批（一本）、本科二批（二本）和本科三批（三本）（2017年部分地区取消本科三批）以及普通高职院校。

应用型高校：现阶段一般包括所有的本科第一批、本科第二批录取院校。

（三）招收对象不同

普通高校教育主要招收高中毕业生，学制依据不同专业，一般为4~5年；少量招收专科毕业生，一般要通过专升本考试，学制2年。

"应用型高校"是对新型的高等教育和新层次的高职教育相结合的教育模式的探索，由部分省属本科院校与国家级示范性高等职业院校、国家大型骨干企业联合试点培养适应社会经济发展需求的应用型本科专业人才。

第二节 干预策略——贯彻心理健康教育目标

虽然目前很多高校确定了关注生命发展的心理健康教育的工作目标，在实际工作中对预防、补救大学生出现的心理问题做了大量工作，但是相比之下，对关注大多数学生的生命长远发展的工作所投入的力量不够。而且从研究结果中可知，每个学生都上过学校开设的心理健康课程，但是课上的内容难以启发学生用课上所学知识去面对自己的生活。因此，高校心理健康教育工作应该顺应当今德育生命化的趋势，以德育生命化工作的根本原则为指导，调整并落实好关注学生生命长远发展的教育目标。在今后的工作中，不仅要注重解决学生当下出现的心理问题，还要坚持贯彻利于学生生命长远发展的目标，从大学生成长中真正的生命诉求出发，挖掘学生自身潜藏的心理潜能，使学生为今后的长远发展储备强大的心理力量。

一、树立重视生命健康发展的教育理念

有研究发现，一些大学生对自己生命的意义定位得越来越模糊、现实。例如，有的大学生没有明确的生活目标，生活中遇到挫折后会出现不同程度的心理冲突。反思其中的原因，部分大学生之所以人生理想定位模糊，承受挫折能力差，教育在其中承担着很大的责任。良好的教育是启发大学生用自己的眼睛去看、用自己的耳朵去听。真正的教育是从学生的生命出发的，不是让学生被动地接受知识，而是引导学生主动关注和思考自己的生命。教育如果没有从生命出发，就算学生学到了再多的技能，取得了再多证书，也不是真正成功的教育。因此，高校的心理健康教育工作，在教育理念上就要从大学生的生命主体出发，注重学生生命长远发展。心理的健康不仅指拥有健康的身体，还包括拥有健康的心理状态、生活态度等多方面。因此，在心理健康教育工作中不能局限于解决学生当下的心理问题，更应从大学生的心理状态、生活态度、生活环境等方面出发，与家庭、社会合力为他们营造良好的生活环境，帮助他们自身健康成长，鼓励他们在应对生活各方面的问题时思考自己的生命，使大学生具备对价值的正确判断力和思考力，深入思考自己的人生理想，合理安排好自己的生活，使高校的心理健康教育工作真正成为生命发展意义理念上的德育工作。

二、塑造生命化的全员教师队伍

高校心理健康教育工作是一个需要全员努力的系统工程，学校里的每个教师都会对学生的生命成长起到潜移默化的影响作用。因此，要把高校的整个教师队伍塑造成具有生命化的力量。学校领导在管理高校德育工作时，要树立切实为学生和教师服务的意识，除了为学生学习知识提供条件外，还可开展一些供师生体会自然、感悟生命的活动，如组织教师、学生参加登山等健身类活动，在强身健体中更加珍惜生命。要创造一些渠道让学生了解学校的管理机制，实施民主管理，让学生把自己当作学校的主人，使学生对学校的管理制度能畅所欲言，在转变角色的过程中提升自己的责任感，认识到学校开展各项工作的意图以及自己读大学的意义所在，进而更加积极地规划自己的大学生活。任课教师在实际教学中除了传授知识之外，应增加对学生生命的关怀。例如，在课上和课下多和学生交流，根据大学生的困惑讲述一些积极的事例与经验，启发大学生合理规划好自己的生活，积极地为未来努力，改善大学浮躁的风气，不再在玩手机、打游戏、窝在宿舍睡觉这样的状态中度过自己的大学生活。学校心理咨询室的教师可以和学院一起合作，针对不同年级的不

同问题，通过工作坊等形式为学生做一些团体辅导。例如，针对大一新生开展如何尽快适应大学生活的辅导，针对大二、大三学生开展如何处理人际关系、提高学习效率的辅导，针对大四学生开展如何规划职业、调整心态的辅导。辅导员教师则要更加深入地了解每个学生，建立学生家庭、学校生活档案，对生活压力大、家庭背景复杂等有特殊情况的学生要重点关注，提前做好危机预防工作。

三、激发学生尊重生命、热爱生活的态度

个人的心理健康水平与其对待生活的态度密切相关。笔者在研究中发现，在人际关系层面上，有的大学生把他人认可看得过于重要以至于在他人面前隐藏真实的自己，还有学生因不能适应他人生活习惯而出现摩擦，甚至有学生因为人际受挫而出现对生活悲观绝望的心理危机。大学时期虽然只是人生中一个阶段，却是大学生心智走向成熟的阶段，这就启示我们的心理健康教育工作要培养大学生具有尊重生命、热爱生活的积极人生态度，能接纳认可自己，肯定自己的生命意义。激发学生积极的生命态度并不是像书本上的知识那样简单说教就可以做到的，这需要在平时对学生进行潜移默化的教育。因此，在实际工作中，高校心理健康教育工作应注重培养学生积极人格，从生命个体本身出发，关爱每一个学生。不仅向学生传授心理学的知识，还要真正把学生看作一个完整的生命存在，引导大学生找准自己的位置，还要能够不带偏见地看待身边的人和事，不虚度浪费自己的生命，不践踏他人的生命，从思想上敬畏生命。此外，还要引导学生从消极问题的处理上转移到积极情感的体验上。例如，学习如何避免负面情绪及怎样发现自身的优点，培养自信、乐观等积极品质，使学生充满热情地面对今后的生活。

四、构建生命在场的课堂教学

有学者认为，"所谓生命化课堂教学是以学生生命为教育的基点，通过对生活的关注，还给学生学习的自由、丰富的精神生活和自主探究的权利，使学生得到情感体验、人格提升和个性张扬，生命活力得以焕发，生命价值得以提升的过程"。生命化教育理念最重要的就是生命的在场和到位，是教师和学生的交往互动和共同经历，它在教学相长中使师生的生命不断丰富，不仅使学生获得生命体验和人格提升，也使教师的职业生命活力得以焕发。生命化教育理念下的心理健康教育基本特征表现在：

（一）教学的生命共时性

生命在场首先在于师生的生命共在，是师生的共同在场（不仅是身体的，也是心灵的），是教师和学生此时此刻通过对知识的思考、事物的探讨和情景的体验重新进行意义建构，使自己获得持续不断的成长。因此，生命化心理健康教育生命在场的课堂教学，是

以师生的生命体验与生命关怀为旨趣，并在师生的生命体验与生命关怀中感悟生命的意义的。

（二）教学的交往互动性

我们经常用"以心灵赢得心灵，以人格塑造人格"这句话来形容教师的工作，这正是强调了师生的互动性。交往是教学的本质属性，生命在场的课堂教学打破以教师为主的传统教学模式，凸显了教学交往，这种教学交往是人（师生）的本质力量的交互作用，是在本体层面的生命与生命之间的平等交流，它使教师的主导性和学生的主观能动性都得到充分发挥和体现，在师生的双主体的互动中，师生双方的潜能都得到激发，教师与学生在互动交往中相互感染，相互促进，真正实现了教学相长。

（三）教学的生成发展性

生命在场的教学过程作为一种特殊的社会实践活动是具有生命性的，体现出师生生命存在的意义和价值。这种生命的意义预示着教学不是预设的、模式化的，而是在一定的时空由教师与学生共同创造的。在这种教学中，知识不再是教师预设的教案、不再是教师规划好的知识，而是在师生的相互启发中所产生的理解、体验与看法。学生不再是单纯的接受者而是主动、积极的探索者，是真正的思考者。因此，生命在场的课堂教学不再是传统教学中的教师教、学生学的过程，也不是单纯以知识为载体，而是赋予教学以情感与思想，也给予教师职业生命的满足，使师生双方生命都得以生成和丰满，实现完整而高效的教与学相互促进的过程。学生在教学活动中成长自己，教师在教学活动中彰显自己的生命价值。

（四）学生的主动参与性

生命在场的课堂教学应当注重以学生的学为主，教师借助有效的教学策略激发学生的学习自主性，让学生主动地参与进来，充分实现课堂的"翻转"，让学生的主动参与性发挥作用，实现生命化教学。新媒体时代，大学生不一定是那个"闻道有先后"的后者，而"术业有专攻"在大学生身上也表现得淋漓尽致。大学生获取知识途径的多样化，是教师所无法预料的，所以，教师应当积极地引导学生主动参与课堂，发现学生身上所蕴含的智慧，真正实现因材施教，才能更好地驾驭课堂，学生的积极性才能被调动起来。

（五）增强学生的体验性

要真正掌握知识必须要去亲自实践、体验，尤其对于大学生心理健康教育来说，没有亲身经历是无法体验到那种心理感受的。如一个人际关系出现问题的人才会体验到人际不和谐给自己生活和学习带来的影响，所以要让学生去体验。体验式教学可以引发学生的思考，调动其主动性来解决问题。因此教师教学中要善于为学生创设一个探索、猜想和发现的环境，使每一个学生都参与到探求新知识的活动中去，以"做"为中心，在动手实践和自主探索中去获取知识，最终达到学会知识、理解知识、运用知识的目的。这也是大学生心理健康教育的最终目的之一，即学会用心理知识和技能解决实际问题而不只是记住单纯的心理知识与规律。

（六）注重学生的差异化发展

差异化教学是新课程改革所关注的一个重要课题，是指在课堂教学中要针对学生之间的差异进行有层次的教学。美国社会心理学家马斯洛说，"教育是让一个人成为最好版本的自己"，这也是心理健康教育的最终目的。大学的教育不再只是强调知识，而是让每个人成为一个会思考、独立的人。大学生心理健康教育作为一门课程，面向的是全体学生，因为大部分学生的心理是健康的，所以更多的是普及、预防和提高，但并不能解决班级中一些确实存在心理不健康的学生的问题。因此，教师在教学过程中既要以群体为主，又要兼顾一些同学的个别问题，做到因材施教、因人而异，体现心理健康教育课程本身的"以人为中心"的理念，切实做到差异化教学，提升层次教学的效益。

第三节　干预策略——丰富心理健康教育内容

现有的高校心理健康教育工作主要通过相关课程的开设、心理咨询的开展、心理健康的宣传等形式来展开预防、治疗、发展工作。心理健康教育课程已经向学生讲解了关于心理学方面的基础知识，心理咨询工作开展了如针对新生的心理普查、危机排查及干预工作，而且也举办了一些心理健康类的比赛、讲座等来宣传心理健康的相关知识。但是大学生心理问题的深层原因仍启示我们，要更全面地丰富以生命为主线的心理健康教育内容，使其能够真正地切合学生的实际需要。把生命化教育理念引入心理健康教育，形成以"生命在场和生命成全"为核心的生命化心理健康教育的课程教学模式，这在心理健康教育的课程教学改革中是有意义的新尝试，其目标就是通过生命的在场与互动，实现生命的成长与成全，体会到生命的意义与价值。

一、开设关注学生生命发展的心理健康课程

高校的心理健康课程在内容上除了向学生介绍心理学的专业知识外，还要关注学生生命的长远发展，在马克思主义生命意义观及弗兰克尔意义治疗理论的指导下，在其中融入生命化教育的内容，从知、情、意、行方面给予学生指导，帮助他们深刻地认识生命，找到自己的生命意义。

（一）通过认知教育加深大学生的生命认知

第一，帮助大学生通过认知自我发现自己的生命意义。高校目前的心理健康教育课程中已经含有教育大学生正确认知自我的内容。但是本研究中的一些学生因为之前的生活经历对自己的外貌、成绩不满意，把更多的关注点放在他人对自己的认可上，并没有对自己有正确的认识和接纳，会因他人对自己的看法而产生情绪困扰等心理问题。这反映出心理健康教育课程在大学生的自我认知内容方面应继续深化。大学生对自己的认识分为理想的"我"和现实的"我"。理想的"我"是大学生对自己的完美期待，而现实的"我"总是和理想的"我"存在不同程度的差距。当大学生对理想的"我"过度追求，却又找不到合适的方法缩短现实的"我"和理想的"我"之间的差距时，会出现不同程度的心理问题，而且大学生的自我认知会影响其对自身生命意义的探索。个体对自己生命意义的理解是以对自己的看法、认知为基础的。高校的心理健康教育课程可以通过激励教育，培养大学生的自尊，在肯定自己优点的同时，接纳自己的不完美，能够学会合理地调整对理想的"我"的标准。教师要帮助大学生正确认识自己和周围的人、物的关系，正确对待他人对自己的评价，明白自己生命的自主性，不要做任何事都被他人的看法牵绊，知道自己为什么活着，启发大学生正确认知自我，进而充分发挥自己的能量，真正实现自我的成长与发展。

第二，帮助大学生认识实现生命意义的途径。每个人对自己的生命都抱有不同的期待，都有自己想达到的人生目标。而一些大学生因为没有明确的生活目标，上课时玩手机，课下时间荒废在打游戏、睡觉上，长此以往，就感受不到生命的意义，导致恶性循环越来越没有生活的动力。

心理健康教育工作要引导大学生学会管理自己的生活，不仅对自己的人生有明确的目标，而且还要有推动自己不断努力实现目标的动力。作为学生，最重要的事情就是学习，因此，心理健康教育课就要让学生明白现阶段踏踏实实地学习就是实现人生意义的一个途径。在课堂上，心理课教师要抓住时机，启发学生让其感受到学习是可以给自己带来成就感的。例如，当学生把教师讲授的知识活学活用，创造性地运用到生活中时，要给予学生肯定和鼓励，让学生体会到通过学习带给自己个人能力提升的自豪感、欣喜感。当学生一次次地通过学习感受到成就感、价值感后，会从思想上看到学习带给自己的意义，切实地看到自己身上所具有的创造能力，进而激发学生主动学习的热情。

（二）通过情感教育提升大学生的生命责任感

情感会影响人的认知。马克思认为人对他人和社会是有责任和义务的。正是这种对他人、社会的不断奉献才使人的生命有了意义。而从访谈研究中笔者发现，一些学生没有明确的生活目标，或者把自己的生命意义定义为传承生命、吃喝玩乐等，呈现出对他人、社会的责任感缺失的状态，还有的大学生当无力承担对家人、社会的责任后会出现自我认同危机。高校心理健康教育课程可以通过情感教育,让大学生意识到自己身上肩负的责任,并且能够正确地看待这些责任。爱是情感中最强烈的表现,一个人学会爱他人,才会使自己变得不再自私,一个人也只有学会爱自己,才不会因为现阶段无法实现对他人、社会的责任而怀疑自己。这就要求高校的心理健康教育工作在空间上要拓展,从课堂扩展到课外,组织大学生参加一些社会实践活动,在这些活动中学会爱他人、爱自己。例如,去贫困山区支教、去孤儿院帮助孤儿等,让大学生通过反差感受到自己生活的幸福,感受到有父母家人疼爱的幸福,进而感受到对家人的责任,而这些弱势群体则能让大学生思考自己的生命,生命总是短暂的,既然无法延长生命的长度,那么可以通过对他人、社会贡献自己的力量来拓展生命的宽度,并且要让大学生认识到自己现在的力量是有限的,只有努力学习,才能在今后为自己、为他人、为社会更好地贡献自己的力量。

(三) 通过挫折教育培养大学生的生命意志力

生命当中遇到的挫折看似是生活给我们的阻碍,其实这也是生活给我们成长的机会。虽然目前高校心理健康教育课程中包含挫折教育的内容,但是通过访谈发现,接受过挫折教育的大学生虽然明白如何不被挫折打倒的道理,可当自己切身处于如自由意志受阻、现阶段无法实现自己价值的情境时,仍会出现自我认同问题、学习动机不足等心理问题。弗兰克尔的意义治疗理论告诉我们,人生的不幸是无法避免的,但是面对这些不幸我们仍旧可以选择的就是自己的态度,从挫折中依然可以体会到生命的意义。因此,我们的心理健康教育课程在对大学生进行挫折教育时,不仅要帮助他们从现实的挫折中走出来,还要改变他们今后对待挫折、对待自己的态度,要帮助大学生认识到苦难也都是有两面性的,从挫折的教训中可以改变提升自己,学会怎样确立更加合理、贴切自身实际的目标,增强价值评判能力,学会如何乐观应对成长中的挫折,积极调适自我,提升自己的意志力,让自己不被挫折打败,从挫折中寻找自己存在的意义和价值。例如,以大学生遇到的学业挫折为契机,可以让大学生全面地审视自己,正视自己已做的努力与自己能力的不足,在提高现实能力的基础上降低对理想自我的要求,通过失败的教训为自己今后取得进步积累经验。而且,将一些名人的事例和大学生自己之前战胜困难的经历进行对比,可以培养大学生的意志力,使他们在今后的学习生活中再遇到挫折时能够坚持下去。大学生向往能够自主决定的生活,因此在自由意志受阻时会受挫,挫折教育可以使大学生认识到自由是相对的,在处理自身和社会、环境等矛盾和冲突时,能保持积极健康的心理,积极调适自我,顽强地应对生活给予他们的挑战。

(四) 通过严格管理加强对大学生生命化教育的行为训练

在课程管理方面,学校开设了相关的心理学课程,但是课程管理上要求不严格,这就导致一些学生因为容易修学分而选心理健康课程。大学生以这样得过且过的态度选择心理健康课程，自然不会认真对待，导致从根本上削弱了心理健康课程的教育效果。由于大学生对课程的态度易受学校管理工作的影响，因此，要想引起大学生对心理健康课程的重视，保证生命化教育、心理健康教育的效果，就需要对心理健康教育课程严格管理。从对学生的严格要求中，加强对他们的行为训练，使他们认识到生命化教育的内容就在自己身边，通过日常生活中的自律行为就可践行所学的知识。心理健康教育课程虽然被大多数学生从思想上认为不是"主课"，但是这并不代表课程的设置像部分学生认为的那样可以应付过去，相反，更要让学生认识到这些课程的重要。心理健康教育课程应该延长课时，增加课时，保证有足够的时间进行心理剧表演、课上互动等活动，让大学生能真正地参与其中。而且要严格保证上课的人数，通过对学生上课情况的考核，让学生认识到按时上自己选修的课程也是对自己生命的一种负责，通过对课程的严格管理，督促学生行动起来，通过自己的行动来践行生命化教育的内容。

二、开展促进学生生命健康发展的心理咨询工作

高校的心理咨询工作在心理危机的预防、排查、干预等方面做了很多工作，而且帮助一些有心理问题的学生调节恢复到正常的状态，同时鉴别出需要转诊治疗的重症患者。但是高校的心理咨询工作也同样应该对大多数学生的生命长远发展给予更多的关注。

（一）帮助学生把心理咨询当作生命成长的机会

大学生对心理咨询工作能否正确地认识和评价，从侧面也反映出了其心理健康的水平。通过访谈可以发现，大学生了解心理咨询的途径主要是通过教师的宣传、学校的心理普查活动以及心理健康类活动，但是也有学生不知道心理咨询的过程，这就说明学校的心理咨询工作宣传得不够。例如，有的同学碍于面子，认为做咨询就是代表自己心理有问题，有的做过心理咨询的大学生指出心理咨询在一定程度上帮他们缓解了压力，但是咨询的效果难以长期地影响自己，而且反映教师给出的具体建议少。这些在一定程度上都反映出大学生对心理咨询的无知和误解。所以学校教师等相关负责人在宣传心理咨询工作时，不仅要注意宣传的广度，更要注意做到深入的宣传，让大学生能正确认识并接受心理咨询，把心理咨询看作一次能帮助自己成长的机会。例如，在进行心理咨询的宣传时，首先让大学生了解心理咨询保密的原则，让他们放下担心信息被泄露的包袱。关于心理咨询的过程，要让大学生认识到心理咨询并不是由教师代替学生去解决问题，相反却是一个助人自助的过程，而且心理咨询是在一个可以信任的安全的环境中，通过自己的倾诉、教师的引领，自己帮助自己成长的过程。在宣传心理咨询的形式时，除了宣传大家较为熟知的个体、团体辅导外，还可以加入网络心理咨询等的宣传，让大家了解到这些形式都不仅仅针对出现的心理问题，还是一次让自己生命成长的机会，通过做咨询可以让他们深度地探索自我，了解自我，使心理咨询对一部分大学生来说不再仅仅是个摆设。

（二）通过学业支持对学生进行生命关怀

高校的心理咨询工作不能坐等学生主动上门求助，应该提前针对学生出现的生命问题给予关怀。目前困扰大学生的心理问题中很多是和学习相关的，如学习动机不足、学习成绩不理想而无法获得成就感等。尽管学校心理咨询室的教师具备心理学方面的知识以及咨询的实践经验，但是咨询室教师的力量是有限的，因此应该加强对其他任课教师生命意识的培训及对学生学业的支持。为任课教师提供一些技术支持，通过"工作坊"的形式培训任课教师处理问题的技能，如学生学习动机不足、上课玩手机等常见问题。而且生命化教育的课程内容可以和很多其他课程结合，在对教师进行学业技术支持的同时，要培养专业教师的生命化教育意识。例如，对历史课教师的要求是，哪些著名历史人物能够激发学生对生命意义的思考；对生物课教师的要求是，在讲述生理知识时能启发学生了解生与死的过程，使学生能够善待生命等。在学生的心理需求中，有已经发生的显性需求，还有经过一段时间才能显现的隐性需求，而高校的心理健康教育工作要从学生生命发展的角度开展，不能被动等待那些隐性的问题出现后再补救。因此要从学生入学后就关注学生的潜在心理需求，为他们提前提供各种学业支持。例如，在大一新生刚来时，通过工作坊的形式加强对大学生学习技能的培训，而且在对全体学生进行集体辅导的基础上，对一些有学习困难、承受力较差的学生要重点关注。

三、推行贴近学生生活的生命化教育宣传工作

高校心理健康教育工作中对学生群体的宣传教育也起着非常关键的作用，成功的宣传工作可引起学生对心理健康教育的重视。但是目前高校的心理健康教育宣传工作实际的效果却并不理想，因此，在宣传工作中，不仅局限于其重要性的宣传，更要贴近学生的生活，通过生活化的课程、生命化教育公开课等贴近学生生活的新形式进行宣传，启发学生对自己的生命进行深入的思考。

（一）通过生活化的课程进行宣传

从访谈中发现，一些学生对心理健康的重要性心存疑虑，因此就要通过学生平时接触最多的课程来对他们进行宣传，让他们从生活化的内容中感受到心理健康对生活的重要影响。高校现有的心理健康课程中会涉及如学生情绪、就业、人际关系等方面的内容，但主要向学生讲授一些心理健康方面的基础知识和基本技能，其目标也在于普及知识。

高校心理健康教育课程要从学生的实际生活入手，把他们生活当中的问题搬到课堂，真正在课堂上帮助他们以一个小问题而联想到自己平时的生活，引起学生对心理健康的重视，做好心理健康教育的宣传工作。例如，可以把西方国家心理健康教育工作的先进经验借鉴到课堂上，把关于学生生活中遇到的问题细化到课堂中，以小见大，如从"如何应对

丧亲"深化到"如何对待自己及他人的生命",从"如何克服拖延症"深化到"如何规划好自己的生活"。

(二) 通过走进学生生活的新形式进行宣传

心理咨询中心的教师可以采用一些走进学生生活、拉近与学生距离的形式对全校学生开展生命化教育的宣传，以此来大范围地影响大学生。如今，欣赏高雅艺术表演成为很多高校文化生活的一部分，心理健康教育工作可结合高雅艺术、网络等与学生生活密切联系的形式来开展宣传工作。"心教育"是北京大学心理健康咨询中心根据北京大学生的实际情况和特点，结合残疾人的顽强精神，创造出的心理健康教育新形式。"心教育"通过残疾人的励志表演给大学生以视觉上的震撼，在他们表演完之后，对这些顽强的残疾演员进行采访，用他们的人生故事来触动大学生的心灵。从这些感人的表演和发自肺腑的访谈中，让大学生和这些残疾演员进行一次心与心的交流，在和自身对比后，深刻地体会到生命的不易与伟大，感受虽然身体残疾内心却充满阳光的美，启发他们传递助人利他的大爱精神，珍惜自己现在的所有。这样的形式可以推广开来，针对全体大学生进行这样的生命洗礼，让学生在欣赏高雅艺术的同时反思自己的生命；通过这样的励志故事让学生深刻地体会深处逆境与命运抗争的顽强乐观精神，给他们的心理注入积极的力量；让大学生在以后的大学生活及人生中不会因挫折而轻易放弃，更加珍惜、热爱生活。此外，还可以借助大学生普遍使用的网络等形式进行宣传。例如，在学校建立关于生命化教育和心理健康教育讨论的公众平台，设立生命化教育的专门板块，及时更新网站的内容，让学生可以就这些生命化教育的故事和观点进行自由的交流，并且配备专门人员做好回复工作，使大学生在网络这种快捷隐蔽的方式中畅所欲言，在和他人分享自己的感情与倾听他人的想法中加深对生命的思考。

第四节 干预策略——拓展心理健康教育方式

心理健康教育关注的是人内在的心理活动，因此，需要通过拓展体验式的教育方式，让大学生对自己的生命进行更多深入的思考，最终达到心理上知、情、意、行的统一，进而更好地指导自己的行为。

一、注重学生体验的教学方法，引导学生思考生命

一些学生通过学习心理健康教育知识，可以意识到自身存在的心理问题，但是不能恰当地解决，而且学生已经对说教的模式产生了免疫，不从生命本身出发的问题已经难以让他们产生兴趣。这源于在学习过程中缺乏让学生切身的体验，难以让学生产生认识、情感

上的共鸣，继而对自己的生活进行反思。心理健康课堂教学只有让学生的内心也真正受到感染，通过思维、情感的交流产生内在的体验，才会真正让学生学有所得。德育的主阵地是课堂，现有的上课形式主要是采取大班授课的形式，在课堂上加入一些游戏类的互动方式来调动学生的兴趣。但是大班授课的方式难以达到培养每个学生良好心理素质的目的，而且目前很多高校案例分析、游戏体验的方式难以让每个学生参与其中，心理健康教育的实际效果受到了限制。因此，高校可以开设一些小课堂或者通过团体交流的形式，让大家真正参与其中，通过教师的亲身体验来帮助大家学习。例如，借鉴西方国家"工作坊"的形式，促使参与者和成员一起思考、调查、分析、讨论、行动，使其真正地参与到活动中；举办一些"如何看待自己的生命""怎样与人相处""丧亲的应对"等主题交流活动，引发学生对生命的思考。这些活动形式都可以作为心理健康教育的辅助课堂，通过和不同的人之间交流思想，真正启发大学生对自己生命意义的思考。

此外，还可以在课堂上播放一些关于生命的纪录片以及加入一些情景模拟的环节，如播放《人生七年》等纪录片，为大学生设置自己突然变成孤儿等情境，来引导大学生认识生命的不易，感悟生命的伟大，对生命从心底里产生尊重和敬畏，启发他们对生命意义的思考。

大学生心理健康教育课程应有许多活动环节，这是心理健康教育课程教学的特色所在，心理健康教育的课程教学活动是一种独特而富有成效的教学方式。生命化的心理健康教育课程教学的活动环节成为心理健康教育课程教学的独特风景。

（一）设计合理的教育情景

情景是指为了激发学生学习的兴趣和动机而创设的一种具有时空维度的教学活动或形式，这种教学方式的心理场与物理场交替重叠，构成了多视角、多维度的教育方式，对学生产生多方面的影响。心理健康教育应创设具有强烈情感吸引力和感染力的情景，让身处其中的学生不由自主地跟随这种情感而跌宕起伏，使学生的记忆、联想、想象以及思维活动都带上一定的情感色彩，并因情绪的感染而使心灵更具接纳性和包容性。

（二）彰显学生的主体性

主体性即在整个活动中由学生全员参与、全面参与和全程参与，各种活动均由学生自己来完成，教师只是起监督和指导作用。这就充分调动了学生的积极性和能动性，学生以主体的身份，创造性地完成各种有创意的活动，促进自身的才能发展和素质提高。

（三）突出活动的体验性

体验性是指学生主动、自主地融入心理活动中进行体验和感悟，充分感受蕴藏于这种活动中的欢乐与愉悦，在身临其境中获得各种情感体验和深切感受，思考和领悟其中的道理，学会避免、战胜和转化消极的情感和错误认识，发展、享受和利用积极的情感与正确的认识，促进其良好习惯的养成，提高自己的身心素质。

为了更为有效地使学生以体验的方法思考生命，应引导学生品味过去，立足当下，展望未来，以此来丰富学生生命的内涵，为他们提供前进的动力，使学生自觉用心去享受生活，实现自我的人生理想，收获幸福和快乐。

1. 品味过去

经验是一个人最大的财富，是一个人人生的积累，体现了在过去的生命中所留下的痕迹。人往往是步入中年或老年时期才开始回顾过去的，而大学生年轻气盛，风华正茂，更多的是关注自己的当下，展望未来，殊不知正是过去的经历塑造了今天的自己。人在选择人生道路前往往要学会认识自己，而要看清自我，就需要我们不断地品味过去，反省自身，认清当前我们的所得与所失，只有这样才能找准方向，创造更好的未来。正如中国古代大贤荀子所曰："君子博学而日参省乎己，则知明而行无过矣。"

品味过去可以从以下三个方面入手：首先，应时常回味自己过去的幸福时光。生命的进程并不是一帆风顺的，在生活中我们难免会遇到各种困难和挫折，会有感到痛苦、悲伤的时候。如果一味地沉浸在这种负面的情绪中，将这种生活的感觉当作生命的全部，将会影响自身正常的生活，忽视生命，甚至选择抛弃生命，造成严重的后果。人的生命是由过去、现在和未来所构成的一个过程，大学生在面临困境时应该看到生命的过程性，回味自己过去所感受的幸福、快乐的时光，意识到当前的痛苦只是暂时的，减轻自己的心理压力和人生重负，重拾面对生活的信心和勇气。其次，应积极咀嚼自己人生中的失败。回忆过去快乐的情绪能够给人带来积极的力量，提供生活的动力；而咀嚼自己的失败则能收获丰富的经验和教训，意识到自身的缺点和不足，为享受当下、创造美好的未来而不断磨砺自身，努力奋斗。正确面对自己的失败，反省失败所产生的种种原因是人认识自己的重要环节，大学生应该学会勇敢地接受自己的失败，并从失败中获取经验和教训，有针对性地提升自己，为下次的成功奠定坚实的基础。如果一味地沉浸在痛苦中，逃避结果，将这份宝贵的经历束之高阁，不敢问津，这样只会在以后的人生中不断地重蹈覆辙，羁绊自己前进的脚步。最后，应不断品味自身经历，获取新的领悟，寻求更大的价值和意义。品味自己过去的生命经历，是一个重新接受和认识的过程，它使人能够从一个新的角度来看待自己的亲身体验，从中挖掘出新的意义和价值，从而不断丰富自己的生命。哈佛大学幸福课的主讲师在他的课程上提出了"静谧"和"冥想"等观念，他在每节课中都会拿出几分钟时间来让学生自己思考，回味刚刚课程中所提到的内容，来让学生重新进行梳理和学习，以获得更大的收获。品味过去也正是这样一个过程，大学生应该时常花费一些时间来实践这个过程，回顾自己的过去，反省和思考过去生命中的各种体验，使自己的人生内涵更加丰富，生命质量得到提升。

2. 立足现在

现在是过去和未来的承接点，是指人们当下的生活。回味过去为我们当下生活的开展提供了动力和指向，而把握现在则是创造美好未来的前提和基础。人们都活在当下，对当下生活的感受是人们最直接的体验。只有立足当下，珍惜今天，活出自我，才能在自己的生命中留下鲜明的色彩，积蓄自身力量，为随时降临的机遇而做好准备，进而收获成功。

大学生要立足现在，把握当下，可从以下三个方面入手：首先，应学会认识自我，认识自己可以说是我们一生都必须研究的课题。良好的自我意识能够提高我们感受生活、认识世界的能力，能使我们更好地规划自己的人生之路。大学生正处于自我意识高速发展的时期，应该积极地融入当前的环境，构建自己的人际交往圈，通过与外部世界的沟通和交流，自觉地感受生活，正确地面对生活中的幸福和困境，逐渐构建自己科学的、独特的人生观和价值观，指引自己继续前进。其次，应学会用"心"生活，注重情感体验的培养。对当下生活的感受是生命积累的重要来源。如果一个人没有用心地生活，整天浑浑噩噩地过日子，那么时间流逝得非常快，回忆过去也只是一片空白，这样的生活是单调而没有意义的。如果一个人懂得用心去感受生活，特别是注重自身的情感体验，关心家人、善待朋友，享受生活中的美好与温馨，也勇敢承受生活中的各种悲伤和痛苦，那么他的生命必将精彩纷呈，随着岁月的沉淀将变得更加味美香醇。最后，应懂得"立即行动"。古人云："千里之行，始于足下。"再美好的梦想如果没有行动，也只会流于空想罢了。

人要想获取成功都要付出自己的努力和汗水。通过自己努力奋斗获得的成功也才会更加有意义和价值。因此大学生要想实现自己的人生理想，就得从现在做起，把握当下，珍惜每一个今天，踏踏实实走好每一步路，最终收获成功，实现自己的人生价值。

3. 展望未来

展望未来是对未来的憧憬，它为我们立足当下、努力奋斗提供了指向和动力。每个人的未来都是不可预料的，但是人们可以通过展望未来，树立自己的人生理想，制订自己的人生规划，并以积极的人生态度去感受生活，接受挑战，经过自身不懈的努力和奋斗，来构建一个属于自己的美好未来。大学生经过多年学习，正站在人生的十字路口，拥有着强烈的好奇心和探索欲望，对未来充满憧憬。

但是如何做好人生的这个重大选择呢？首先，应树立积极的人生态度。人生态度是人们在实践活动和对生活的感受中，逐渐形成的对人生问题的一种心理倾向。树立积极的人生态度能引导人们用积极的、乐观的心态去看待生命，勇于接受生命中的各种挑战，从而开创自己的人生道路，实现自己的人生价值。大学生在面对人生中各种问题的时候，不仅要自觉感受生活带给自己的各种体验，还要从生活上升到生命，意识到生命是一个过程，在有限的生命中，个人的生活感受和经历越丰富，那么他的生命也越有价值。这里的人生经历既包括幸福、快乐、满足等积极因素，又包括悲伤、痛苦、困境等消极因素。在这种积极心态的引领下，大学生的视野将更加开阔，意志更加坚定，更加拥有勇气和动力去创造自己的未来。其次，应树立自己的人生理想。人生理想是个体对自己未来发展的一种向往和追求，是自己人生观和价值观的重要体现。人生理想对自己的行为和实践有着重要的引导作用。大学生应树立自己的人生理想，并将人生理想与社会的共同理想相结合，来促进自身的全面发展，实现自己的价值，并为社会建设做出应有的贡献。最后，应制订自己的人生规划。制订自己的人生规划是大学生需要解决的一个重要课题。在大学生树立自己的人生理想之后，应在综合分析当前社会职业需求的现状和自身实际情况的基础上，将人生理想具体地划分为各阶段的人生目标，引导大学生从当下做起，积累丰富的知识和技能，培养积极的人格特质，提高自身的精神素养，一步一个脚印，实现自己各阶段的人生目标，最终实现自己的人生理想。

二、不间断的朋辈互助促进学生生命成长

国内的一些高校在朋辈互助的建设上已经做了一些工作，例如，一些大学设立了"心灵使者""发展委员""心理委员"。但是在大学班级里朋辈互助的影响力并不大，有些大学生出现困扰时并不知道该向谁求助。即使学校设立了心理协会这样与心理健康密切相关的社团组织，但它在现阶段并没有充分做好大学生心理健康教育的辅助工作。班级心理委员带领学生开展心理类活动的次数更是少之又少。从访谈中收集到大学生所知道的心理协会举办的活动，主要有游戏、看电影、发报纸，看似通过做游戏、办活动这样的形式让学生参与其中，但是活动偏离了心理协会的初衷，活动开展因缺乏专业指导，效果不尽如人意。因此，朋辈互助的影响力受到了限制。学生群体之间因为年龄、生活环境差不多，交流起来更容易获得彼此的支持和理解。因此，通过对学生群体进行朋辈互助的培养，可以更好地帮助大学生。心理咨询教师可以对学校的朋辈互助工作进行持续的指导，不至于使互助活动只进行一两次就成为一个形式化的符号。在朋辈互助员的选拔上，可以选择具有积极生命观、良好心理素质的心理委员及心理协会里的大学生等，先对他们进行培训，使他们有能力去帮助他人。在对他们进行培训时，除了培训心理学知识和咨询技能外，还要对他们进行生命化教育的培训，使他们在助人的时候能够真正地发挥促进自己及他人生命成长的作用。朋辈互助的形式可以通过不间断地开展一些小组讨论活动，如每周开展一个和大学生平时生活中遇到的问题相关的主题交流活动，长期地为大学生的生命发展提供支持，让每个大学生在倾听和诉说的过程中，通过真正的体验加深对生命的领悟和思考。

三、生命化教育实践活动帮助学生增长生命智慧

通过心理治疗，求助者能够重新体验、感受到生命的意义，并且能主动为了实现这种意义而努力。因此，心理咨询中除了为学生提供咨询服务外，还可以带领大学生直接参加实践活动，大学生通过切身体验增长生命的智慧，真正地得到成长。例如，高校在条件允许的情况下，针对大学生在生活中遇到的挫折等，可以组织学生到边远贫困地区做义工，使大学生真正参与其中。通过亲身体验，感悟到生活的不易，在以后的生活中遇到挫折时

不会轻易放弃，也为自己平时的行为进行反思，不再浪费时间、浪费生命，学会掌控自己生活的智慧。此外，还可以在重阳节时带领大学生去慰问孤寡老人，通过和孤寡老人的接触，让大学生联想到自己的父母、亲人，对他们进行亲情教育，培养他们对家庭的责任感，使他们学会和亲人更好地相处的智慧。

当发生一些如自然灾害、人为伤害等事故时，尽可能地组织大学生参加一些捐助、救灾、献爱心的活动，并让大学生设想如果这些不幸的事情发生在自己身上时的场景，让大学生对自己和他人的生命进行深入的思考，学会在生活中少一些自私，多一份奉献，增强他们对社会的责任感，学会和他人处理人际关系的智慧，在爱他人的同时也让自己的心胸更加宽广。这些生命化教育实践活动都可以真正让大学生参与其中，通过切身体验，增长他们的生命智慧，加深他们对生命、生活的认识和理解，使他们在今后的生活中学会爱自己、爱他人、爱社会，并从中得到成长，明白自己活着的意义。

第五节　干预策略——营造心理健康教学环境

生态心理观从宏观的空间和时间来认识个体的行为，把个体的行为放在与其相关的整体系统中，认为人和环境任何一方的活动都会影响到另一方。德育生态化提倡内部系统和外部系统的配合密切。内部系统包括高校内部的管理、教育部门、教师，外部系统则指的是家庭和整个社会大环境。然而当前高校的心理健康教育工作主要是学校在做。要在生命意义观视角下推动学校心理健康教育的发展，就需要通过学校、家庭、社会的配合，合力营造关怀生命的高校心理健康教育环境。

一、发挥学校生命化教育的主导作用

大学生出现缺乏人际支持、生活目标缺失等，这与大学生活的改变息息相关。大学跟高中生活有很大不同，大学学习虽然还是以班级为单位，但是只有在上课、班级活动的时候大家才会聚集在一起，上完课就会各自做自己的事情，班级活动也是有限的，这就使大家之间交往的机会减少，集体归属感缺乏，会出现情绪困扰等问题。由于从之前高中紧张的生活状态一下子到大学相对放松的环境中，一些大学生不知道该如何安排生活，不知道该如何管理自己的学习、生活，一时对自己放松却又无法心安理得，内心产生矛盾因此会出现情绪困扰、学习动力不足、适应不良等问题。

学校是开展大学生心理健康教育工作的主要阵地，因此学校内部需要各个部门积极配合，在心理健康教育工作中融入并开展生命化教育。学校心理健康教育的整体工作理念要从预防、解决学生出现的心理问题转变为关注学生的生命长远发展上来。而学校的全体教职工也要经过生命化教育和心理健康教育的培训，从教师的角度真正明白"人生导师"育

人育心的责任。学校开设的心理健康教育课程中要增加生命化教育的内容，其他各个学科也要从教师到授课内容真正做到从学生的角度出发，还要通过一些生命化教育实践活动让大学生在体验当中更深刻地认识自己、他人的生命。

二、增加对家庭的生命化教育

从大学生生命意义观中可以看出，家庭是一个重要影响因素。从访谈中发现：大学生在大学阶段开始相对独立的生活，渴望能够自由安排自己的生活，而且大学生长期生活在学校的氛围中，想法相对单纯，因此当父母向自己灌输一些社会性的思想以及为自己做决定的时候会感觉到受束缚；在选择出国、读研等问题上，有的家长给大学生做决定，导致他们虽然按父母想法选择，心理的认同感却很低。父母的关爱是让大学生感受爱、学会爱的重要因素，一些从小感觉没有得到父母关爱的大学生可能会轻视自己的生命，使他人难以亲近，出现情绪困扰等问题。父母作为重要的支持力量，没有得到父母的认可可能会导致大学生看轻自己的生命。家庭经济状况对大学生来说也是影响他们安排自己生活的因素，当有经济压力时会导致他们出现迷茫，会因为不能养活自己，不能承担对家庭的责任而产生无意义感。

在中学阶段，学校会通过定期开家长会、发微信、打电话等方式和家长保持密切的联系。但是到大学阶段，除了极少数出现严重心理问题的学生外，学校甚至都不会和家长联系，这就造成了高校心理健康教育在家庭教育方面出现盲区。而大学阶段，家长和学生的暂时分离，学生心智趋于成熟、独立能力增强的这段时间更会暴露出一些成长中的问题。因此，高校更应该通过举办一些活动加强和学生家庭之间的联系，做好对家庭的生命化教育。在新生开学时对新生家庭举办相关的生命化教育讲座，让家长了解大学生活中大学生存在的一些烦恼与问题，如大学的学习方式、生活环境和高中不同会使一些学生出现不同程度的适应问题；大学生开始谈恋爱了，在恋爱中会出现困扰；现在大学毕业后不见得能找到理想的工作，大学生出现了毕业即失业的现象，面临严峻的就业压力等。通过这些内容的介绍，家长更了解孩子的生活，对孩子多一些理解和支持。而且，学校可以设立一个针对家长学习家庭教育的网站，通过这个网站，了解到如何更好地做家长、如何和孩子培养良好的亲子关系、如何更好地给予孩子支持等。通过做好家庭的生命化教育工作，使家庭成为高校心理健康教育的有力后盾。

三、利用社会资源进行生命化教育

高校自扩招以来，大学生的人数明显增加，再加上近些年科学技术突飞猛进的发展，对人才的要求日益提高，使大学生面临巨大的就业压力。就业难的现实压力也无形当中影响了大学生对自己人生道路的选择。从访谈中发现，一些学生在就业难的严峻形势下，由于自己能力不足、文凭不够，选择了自己不喜欢的道路，造成大学生产生自由意志受阻之感。而且周围大环境不重视心理健康教育也在潜移默化中影响到了大学生，社会现实对大学生产生误导，让他们认为这些课不重要。例如，受传统教育的影响，大学生形成了只重视语数外这样的"主课"，其他的课都不重要的思想。

社会大环境对大学生的生命健康成长具有潜移默化的导向作用，健康积极的社会风气能在无形中给大学生正确价值观的引导。因此，高校要创造一些条件，加强和社会的合作，利用社会资源对大学生进行心理健康教育和生命化教育，促进大学生生命健康发展。例如，针对大学生过于注重知识、分数、技能，轻视心理健康的现象，高校可以和企业合作，让大学生深入企业之中，了解企业对人才的要求，让大学生认识到能证明一个人的并不只是他的学历、各种证书，而是他在这个工作中表现出来的工作能力，这个能力指业务能力、人际交往能力、调适自我能力等综合能力，以此提高他们对心理健康的重视。针对目前高校学生身体素质普遍下降、生活缺乏激情的现象，高校可以开展一些如长跑等关爱健康的健身活动，让大学生通过这样的活动既感受到身体健康的重要性，也感悟到自然的美丽，让大学生从活动当中加深对自己生命的思考，也看到通过自己个人微薄的力量而为社会带来的影响，感受到自己生命的活力。

总之，生命在场和生命体验是生命化心理健康教育的实现形式，它以师生双主体投入为前提，在生命的互动与交流中，体验生命的在场状态、生命能量激发与创造性迸发的快乐。在这样的教育实践中，教与学融为一体，从而避免一般课堂中教师负责传授、学生被动接受的师生分离状态，在师生的教学交往中，实现师生双主体互动，充分调动师生双方的积极性和能动性，不仅使学生在当下获得真实的生命体验，而且也能促进教师思想的变化，从而相互促进，共同成长，最终达到生命的成全。

参考文献

[1] 黄冬福. 大学生心理健康教育 [M]. 2版. 北京：高等教育出版社，2022.

[2] 许璘琳. 大学生心理健康教育 [M]. 合肥：合肥工业大学出版社，2022.

[3] 沈伊默. 大学生心理健康教育 [M]. 2版. 重庆：重庆大学出版社，2021.

[4] 贺桂芬. 大学生心理素质训练与拓展 [M]. 宁夏：阳光出版社，2019.

[5] 吴爱梅，潘俊勇. 大学生心理健康教程 [M]. 北京：北京理工大学出版社，2020.

[6] 黄大庆. 情绪团体心理辅导设计指南 [M]. 北京：首都经济贸易大学出版社，2020.

[7] 吕春梅. 当代大学生心理健康教育研究 [M]. 北京：北京畅想兴明文化书店，2021.

[8] 秦晓丹. 体验式大学生心理健康教育 [M]. 合肥：合肥工业大学出版社，2021.

[9] 李锦云. 大学生心理健康辅导 [M]. 北京：北京理工大学出版社，2020.

[10] 陈艳. 大学生心理健康与安全教育 [M]. 天津：天津科学技术出版社，2020.

[11] 程从柱. 尼采的生命教育观 [M]. 太原：山西人民出版社，2018.

[12] 张大凯，聂彩林，胥长寿. 社会主义核心价值观教育读本 [M]. 镇江：江苏大学出版社，2019.

[13] 王国香. 班主任心理辅导实务 [M]. 长春：吉林人民出版社，2019.

[14] 张钱. 思想政治教育视域下大学生创新创业教育研究 [M]. 北京：光明日报出版社，2019.

[15] 李菁华. 大学生心理健康教育，做一个心理阳光的人 [M]. 天津：天津科学技术出版社，2019.

[16] 贾晓明. 高校心理咨询理论与实务 [M]. 北京：北京理工大学出版社，2018.

[17] 姬建锋，贾玉霞. 心理学 [M]. 西安：陕西人民出版社，2017.

[18] 吴增强. 发展性心理辅导 [M]. 上海：上海科技教育出版社，2018.

[19] 李中斌. 情绪管理 [M]. 2版. 沈阳：东北财经大学出版社，2019.

[20] 汪丽华，何仁富. 大学生心理健康与生命教育 [M]. 北京：北京师范大学出版社，2014.

[21] 段元梅. 高校心理咨询的理论与实践 [M]. 北京：现代教育出版社，2016.